马克思主义基本原理

与

中华优秀传统文化

薛庆超　薛　静◎著

人民日报出版社

北京

图书在版编目（CIP）数据

马克思主义基本原理与中华优秀传统文化 / 薛庆超，
薛静著 . -- 北京 : 人民日报出版社 , 2023.8
　ISBN 978-7-5115-7923-2

　Ⅰ . ①马… Ⅱ . ①薛… ②薛… Ⅲ . ①马克思主义理
论－关系－中华文化－研究 Ⅳ . ① A81 ② K203

中国国家版本馆 CIP 数据核字 (2023) 第 139631 号

书　　名：马克思主义基本原理与中华优秀传统文化
　　　　　MAKESI ZHUYI JIBEN YUANLI
　　　　　YU ZHONGHUA YOUXIU CHUANTONGWENHUA
著　　者：薛庆超　薛　静

出 版 人：刘华新
责任编辑：朱小玲
装帧设计：元泰书装

出版发行：人民日报出版社
社　　址：北京金台西路 2 号
邮政编码：100733
发行热线：(010) 65369509　65369512　65363531　65363528
邮购热线：(010) 65369530　65363527
编辑热线：(010) 65363486
网　　址：www.peopledailypress.com
经　　销：新华书店
印　　刷：北京博海升彩色印刷有限公司
法律顾问：北京科宇律师事务所 010-83622312

开　　本：710mm×1000mm　　　1/16
字　　数：230 千字
印　　张：15
版　　次：2024 年 1 月第 1 版
印　　次：2024 年 6 月第 2 次印刷

书　　号：ISBN 978-7-5115-7923-2
定　　价：58.00 元

目　录

第三篇

社会主义革命和建设时期，马克思主义基本原理与中华优秀传统文化

第四篇

改革开放和社会主义现代化建设新时期，马克思主义基本原理与中华优秀传统文化

第五篇

中国特色社会主义新时代，马克思主义基本原理与中华优秀传统文化

"第二个结合"是又一次思想解放

党的十八大以来，以习近平同志为核心的党中央对中华传统文化有了更深刻的、更全面的认识。

2013 年 11 月，习近平总书记到山东曲阜考察，在孔子研究院同有关专家学者代表座谈中指出："中华民族有着源远流长的传统文化，也一定能创造中华文化新的辉煌。"并强调："我这次来曲阜就是要发出一个信息：要大力弘扬中国传统文化。"

2014 年，习近平总书记在纪念孔子诞辰 2565 周年讲话中指出，"在带领中国人民进行革命、建设、改革的长期历史实践中，中国共产党人始终是中国优秀传统文化的忠实继承者和弘扬者"，这是重大的政治判断。

2021 年，习近平总书记在庆祝中国共产党成立 100 周年大会上的重要讲话中，首次提出"两个结合"。在坚持"第一个结合"的基础上提出"第二个结合"，是对马克思主义指导作用机理认识上的一次新飞跃，是我们党的一次重大理论创新，为我们在新的历史起点上奋力开辟马克思主义中国化时代化新境界、扎实推进中华民族现代文明和社会主义文化强国建设，提供了理论指导和行动指南。

2023 年 6 月，习近平总书记在文化传承发展座谈会上指出："在五千多年中华文明深厚基础上开辟和发展中国特色社会主义，把马克思主义基本原理同中国具体实际、同中华优秀传统文化相结合是必由之路。这是我们在探索中国特色社会主义道路中得出的规律性的认识，是我们取得成功的最大法宝。"习近平总书记还强调："'第二个结合'，是我们党对马克思主义中国化时代化历史经验的深刻总结，是对中华文明发展规律的深刻把握，表明我们党对中国道路、理论、制度的认识达到了新高度，表明我们党的历史自信、文化自信达到了新高度，表明我们党在传承中华优秀传统文化中推进文化创新的自觉性达到了新高度。"

"第一个结合"和"第二个结合"，共同的前提是都坚持马克思主义基本原理。由于时代条件不同，"第一个结合"侧重强调客观现实的社会实际，"第二个结合"侧重强调历史文化实际。"两个结合"都是思想的解放，是党的百年实践经验的总结。"第二个结合"是以"第一个结合"实践观为前提和基础的。

一

"第一个结合"凝聚着中国共产党的丰富经验

马克思主义基本原理认为，要以"暴力革命""砸碎旧的国家机器"，建立人民政权。俄国十月革命树立了在中心城市举行武装起义、建立苏维埃政权的成功范例。中国共产党模仿这一经验，领导了南昌起义、广州起义等一系列在中心城市发动的武装起义，但是皆因"水土不服"而以失败告终。根据中共湖南省委的预定计划，秋收起义的目的是占领中心城市长沙。然而，秋收起义初期，毛泽东发现革命低潮时期根本不可能占领长沙，于是果断决定向敌人统治薄弱的农村和山区进军，从此开始了建立农村革命根据地的实践创新和理论创新。

马克思主义中国化时代化最早来源于列宁提出的东方共产主义者的一个重要任务就是实现"马克思主义东方化"。列宁认为，要使诞生在西方欧洲的马克思主义在东方亚洲落地生根，必须实现"马克思主义东方化"。中国革命开创的农村包围城市、武装夺取政权道路，以及"打土豪、分田地""减租减息""土地改革"，"敌进我退、敌驻我扰、敌疲我打、敌退我追"的"游击战争十六字诀"，"诱敌深入""战略上藐视敌人，战术上重视敌人""集中优势兵力，各个歼灭敌人"等战略战术，"支部建在连上"、军队政治工作制度、思想建党、政治建军的基本原则，统一战线、武装斗争、党的建设的"三大法宝"，理论联系实际、密切联系群众、批评与自我批评的"三大作风"等，都属于"马克思主义东方化"，即马克思主义中国化时代化的范畴。

延安时期，中国共产党在理论与实践的结合上将"马克思主义东方化"转化为"马克思主义中国化"。1937年9月10日，在中共中央"负总责"的张闻天主持中央政治局常委扩大会议，研究宣传教育工作，并作会议总结。他指出"理论一定要与实际联系，要中国化"，并在中共中央理论刊物《解放》发表的文章中提出"文化运动中国化""马列主义具体化、中国化"。毛泽东在总结中国革命经验教训的基础上，代表中共中央政治局在党的六届六中全会上向全党提出了实现马克思主义中国化时代化的任务。毛泽东指出：全党要普遍地深入地学习和研究马克思列宁主义理论，把马克思列宁主义同中国的具体特点相结合，反对教条主义。毛泽东指出："使马克思主义在中国具体化，使之在其每一表现中带着必须有的中国的特性，即是说，按照中国的特点去应用它，成为全党亟待了解并亟须解决的问题。"[①] 从此，把马克思主义基本原理同中国革命的具体实际相结合成为全党的共识和行动指南。

中华人民共和国成立后，中国共产党坚持把马克思主义基本原理同中国具体实际相结合，开创对农业、手工业和资本主义工商业进行社会主义改造的道路。改革开放和社会主义现代化建设新时期，开辟中国特色社会主义道路。中国特色社会主义新时代确立"以人民为中心的发展思想""坚持人民至上""全面建成小康社会"，全面推进"中国式现代化"，有力地推动着马克思主义中国化时代化阔步前行。

---

① 中共中央文献研究室：《毛泽东年谱（1893—1949）》中卷，人民出版社、中央文献出版社，1993年，第92页。

实事求是、开创新路，创造新民主主义革命的伟大成就

马克思主义给中国人民指明了实现民族独立、人民解放的方向。将马克思主义基本原理与中国革命具体情况相结合是中国共产党的重要任务。中国共产党依据列宁提出的马克思主义东方化，推进了马克思主义的中国化，这是一个伟大的创造。

列宁向东方共产主义者提出马克思主义东方化的"特别崇高的任务"

马克思、恩格斯在《共产党宣言》1872年德文版"序言"中明确指出，对马克思主义基本原理的实际运用"随时随地都要以当时的历史条件为转移"①。列宁将马克思主义基本原理与俄国革命具体实践相结合，形成马克思主义俄国化的理论结晶——列宁主义。

俄国十月革命后，列宁认为东方共产主义者"面临着一个全世界共产主义者所没有遇到过的任务，就是你们必须以一般共产主义的理论和实践为依据，适应欧洲各国所没有的特殊条件，善于把这种理论和实践运用于主要群众是农民、需要解决的斗争任务不是反对资本而是反对中世纪残余这样的条件。这是一个困难而特殊的任务，同时它又是特别崇高的任务"。列宁强调，完成这个重要的"特别崇高的任务"的答案"无论在哪一部共产主义书本里都找不到"②，必须依靠东方各国共产主义者将马克思主义基本原理与东方国家的具体实践相结合，实现马克思主义东方化。

中国共产党成立初期就面临着推进马克思主义中国化的艰巨任务。马克思主义诞生在工业发达、工人阶级力量强大的欧洲，而20世纪20年代的

① 《马克思恩格斯选集》第1卷，人民出版社，1972年，第228页。
② 《列宁选集》第4卷，人民出版社，1972年，第104、105页。

中国是半殖民地半封建的农业国，工人阶级人数很少、力量很小。要赢得中国革命的胜利，必须实现马克思主义中国化，舍此别无他路。当时，第一次世界大战使资本主义世界分崩离析，十月革命激发国际共产主义运动蓬勃发展，中国共产主义运动先驱李大钊激情澎湃地振臂呐喊"试看将来的环球，必是赤旗的世界"。中国共产党顺应历史潮流应运而生。"我们党的诞生就是顺应世界发展大势的结果。十月革命的胜利，社会主义的兴起，就是当时的世界大势。我们党从这个世界大势中产生，走在了时代前列。"[①]

中国共产党第二次全国代表大会根据世界形势和中国经济政治状况，制定了中国共产党的最高纲领和最低纲领。"要组织无产阶级，用阶级斗争的手段，建立劳农专政的政治，铲除私有财产制度，渐次达到一个共产主义的社会。"这是中国共产党的最高纲领。中国共产党同时提出目前历史条件下的最低纲领：消除内乱，打倒军阀，建设国内和平；推翻国际帝国主义的压迫，达到中华民族完全独立；统一中国为真正的民主共和国。中共二大正确分析中国社会性质与中国革命的性质、对象、动力、策略、任务和目标，指明了中国革命的前途，指出中国革命要分两步走，在中国近代史上第一次提出明确的反帝反封建的民主革命纲领。

开创农村包围城市、武装夺取政权的中国革命新道路

中国共产党成立后，开展工农运动，掀起五卅运动，革命风暴席卷全国，实现第一次国共合作，进行了北伐战争。大革命失败后，中国共产党总结经验教训，将城市的革命退却与农村的革命进攻结合起来，深入农村开展土地革命，建立人民军队，实行武装斗争，创建农村革命根据地，开创农村包围城市、武装夺取政权的中国革命新道路。

---

① 习近平：《在党史学习教育动员大会上的讲话》，《求是》2021年第7期。

抗日战争初期，中国共产党面临全新的国内外形势和空前繁重的任务，实现从土地革命战争向民族解放战争的重大转变，站在历史潮流前，担负中国工人阶级先锋队、中国人民和中华民族先锋队的重任。这时，推进马克思主义中国化具有特别重要的意义。

毛泽东在中共六届六中全会上代表中共中央政治局所做的政治报告，要求全党要普遍地深入地学习和研究马克思列宁主义理论，把马克思列宁主义同中国的具体特点相结合，坚决反对教条主义。毛泽东指出："使马克思主义在中国具体化，使之在其每一表现中带着必须有的中国的特性，即是说，按照中国的特点去应用它，成为全党亟待了解并亟须解决的问题。"[①] 在历史发展的关键时刻，毛泽东郑重向全党提出马克思主义中国化问题，具有非常重要的现实意义和深远的历史意义。张闻天在报告中指出："在组织工作中必须熟习马列主义的基本原则。但必须严格的估计到中国民族的、政治的、文化的、思想习惯的各种特点，来决定组织工作的特点，来使组织工作中国化。"[②]

"我们党始终以马克思主义基本原理分析把握历史大势，正确处理中国和世界的关系，善于抓住和用好各种历史机遇。"[③] 中国共产党正确分析天下大势，倡导、推动建立抗日民族统一战线，联合各个阶层共同抗日，将国内抗日民族统一战线与世界反法西斯统一战线"无缝对接"，中国人民抗日战争成为世界反法西斯战争重要组成部分，中国战场成为世界反法西斯战争东方主战场，中国赢得近代史上第一次完全的反侵略战争的彻底胜利，重新恢复在世界上的大国地位。抗日战争的胜利，成为中华民族走向复兴的历史转折点，对世界文明进步也是有重大而深远意义的。"抗日战争时期，我们党从世界反法西斯战争和中国人民抗日救亡强烈愿望的大势出发，促成了抗日

---

① 中共中央文献研究室：《毛泽东年谱（1893—1949）》中卷，人民出版社、中央文献出版社，1993年，第92页。
② 张闻天：《关于抗日民族统一战线与党的组织问题》，1938年10月15日。原件存中央档案馆。
③ 习近平：《在党史学习教育动员大会上的讲话》，《求是》2021年第7期。

民族统一战线，并最终团结带领人民赢得了抗日战争伟大胜利。"①

在抗日战争和世界反法西斯战争中遭受巨大牺牲的中国人民和世界人民期望和平，中国共产党响亮地提出"和平、民主、团结"三大口号，毛泽东亲赴重庆与国民党谈判，赢得历史主动权。国民党却坚持"独裁、内战、卖国"，违背历史潮流。中国共产党建立最广泛的爱国统一战线，团结一切可以团结的力量，经过战略防御、战略进攻、战略决战，实施渡江战役，向全国进军，赢得中国革命的伟大胜利。

中国革命的胜利是马克思主义中国化的胜利

中国共产党将马克思主义基本原理与中国革命具体情况相结合，根据中国国情、深入中国实际、结合中国特点，既注重革命实践，又注重理论升华，形成马克思主义中国化第一个理论成果——毛泽东思想。"在一个半殖民地、半封建的东方大国里进行革命，必然遇到许多特殊的复杂问题。靠背诵马克思列宁主义一般原理和照搬外国经验，不可能解决这些问题。"② 主要在 20 世纪 20 年代后期和 30 年代前期，"在国际共产主义运动中和我们党内盛行的把马克思主义教条化、把共产国际决议和苏联经验神圣化的错误倾向，曾使中国革命几乎陷于绝境。毛泽东思想是在同这种错误倾向作斗争并深刻总结这方面的历史经验的过程中逐渐形成和发展起来的"③。

毛泽东思想在大革命时期开始萌芽，在土地革命战争后期和抗日战争时期得到系统总结和多方面展开从而达到成熟，在解放战争时期和中华人民共和国成立后继续得到发展。"毛泽东思想是马克思列宁主义在中国的创造性运用和发展，是被实践证明了的关于中国革命和建设的正确的理论原则和经

① 习近平：《在党史学习教育动员大会上的讲话》，《求是》2021 年第 7 期。
② 《关于建国以来党的若干历史问题的决议》，《人民日报》1981 年 7 月 1 日。
③ 《关于建国以来党的若干历史问题的决议》，《人民日报》1981 年 7 月 1 日。

验总结，是马克思主义中国化的第一次历史性飞跃。"①

在半殖民地半封建的中国，中国共产党将马克思主义的"暴力革命"原则、打碎旧的国家机器建立新的国家机器的原则运用于中国实际，武装斗争是"暴力革命"原则的具体体现，建立革命根据地的苏维埃政权（工农民主政权）、抗日根据地的"三三制"抗日民主政权、解放区的人民政府，是打碎旧的国家机器建立新的国家机器原则的具体形式。中国共产党在土地革命战争中创造"敌进我退，敌驻我扰，敌疲我打，敌退我追"的游击战争十六字诀，以及大步进退、诱敌深入、集中兵力各个击破、游击战与运动战相结合的战略战术；抗战时期，将游击战提升到战略地位，坚持打持久战，实行人民战争；解放战争时期创造十大军事原则。人民军队"支部建在连上"，政治建军，思想建党，创建政治工作制度，实行"三大纪律八项注意"，要求"党指挥枪"。中国共产党将农村、农民、农业问题作为中国革命基本问题之一，形成"打土豪、分田地""抽多补少、抽肥补瘦""减租减息""土地改革"等基本政策。在农民占主要成分的中国，建立工人阶级先锋队，高度重视党的建设，确立实事求是的思想路线，实行德才兼备的干部政策；依靠群众，组织群众，把群众路线作为党的根本的政治路线和组织路线。实事求是、群众路线、独立自主成为马克思主义中国化的活的灵魂。毛泽东在《反对本本主义》一文中指出："中国革命斗争的胜利要靠中国同志了解中国情况。"这是马克思主义中国化的本质所在。

土地革命战争时期，"左"倾教条主义者讥笑毛泽东创造的马克思主义中国化的基本原则为"山沟里的马克思主义"，似乎难登大雅之堂。实践是检验真理的唯一标准。经过实践检验，"左"倾教条主义者信奉"教条""一切拿本本来"，导致革命失败。毛泽东和他的战友们坚持一切从实际出发、

① 《中共中央关于党的百年奋斗重大成就和历史经验的决议》，《人民日报》2021 年 11 月 17 日。

理论联系实际、实事求是，推进马克思主义中国化，指引中国革命赢得了胜利。

自力更生、发愤图强，创造社会主义革命和建设的伟大成就

第二次世界大战结束后，社会主义国家从一国发展到多国，形成社会主义阵营，民族解放运动空前高涨，国际形势呈现有利于社会主义的趋势。"中华人民共和国的成立和巩固，也是顺应时代大潮的产物。那时，社会主义发展壮大，亚非拉民族解放运动风起云涌，出现了'东风压倒西风'的气象，新中国就是沐浴着这个东风诞生并站住了脚的。"①

中华人民共和国成立，马克思主义中国化再创辉煌

新中国成立，中国共产党分析天下大势，迅速恢复在旧中国遭到严重破坏的国民经济，全国工农业生产 1952 年年底达到历史最高水平。中共中央提出，要在一个相当长的时期内，逐步实现国家的社会主义工业化，并逐步实现对农业、手工业和资本主义工商业的社会主义改造的过渡时期总路线。中国共产党领导全国人民有步骤地实现从新民主主义到社会主义的转变，在恢复国民经济基础上开展有计划的经济建设，在全国绝大部分地区基本完成对生产资料私有制的社会主义改造，实现马克思和列宁曾经设想过的对资产阶级的和平赎买。

社会主义改造基本完成后，转入大规模的社会主义建设，在经济、政治和科学文化各个领域继续探索并取得初步成果。例如，建成武汉和南京长江大桥，开发大庆油田，建设和发展鞍钢、武钢、包钢、太钢等钢铁基地，建

① 习近平：《在党史学习教育动员大会上的讲话》，《求是》2021 年第 7 期。

成一批飞机、汽车、拖拉机制造厂，研制成功原子弹、导弹核武器和人造地球卫星，大大提升科技和国防实力，提出实现农业、工业、国防和科学技术现代化的宏伟目标。20 世纪 50 年代起，中国与一系列国家建立外交关系，开展国际经贸、文教和科技合作；通过抗美援朝、日内瓦会议、万隆会议，有力提升中国的国际地位。20 世纪 70 年代初，毛泽东主导"乒乓外交"，实现中美关系历史性突破，中美签署《上海公报》。中国进入联合国，并在国际舞台上发挥着举足轻重的作用。

在社会主义建设中大力推进马克思主义中国化

新中国成立初期，毛泽东在《为争取国家财政经济状况的基本好转而斗争》的报告中指出，要获得财政经济状况的根本好转，要用三年左右的时间，创造三个条件：土地改革的完成，现有工商业的合理调整，国家机构所需经费的大量节减。为此，要做好土地改革等八项工作。毛泽东在《不要四面出击》的讲话中，要求必须处理好国内各阶级、政党、民族等各方面的关系，以便孤立和打击当前的主要敌人，而不应四面出击，树敌太多，造成全国紧张的不利局面。毛泽东批评了那种认为可以提早消灭资本主义、实行社会主义的思想，指出这是不适合我们国家情况的错误思想。民族资产阶级将来是要消灭的，但是现在要把他们团结在我们身边，不要把他们推开。我们一方面要同他们作斗争，另一方面要团结他们。毛泽东的报告和讲话，实质上体现着以经济建设为中心的基本思想。1956 年，毛泽东《论十大关系》的讲话，初步总结中国社会主义建设经验，提出探索适合中国国情的社会主义建设道路的任务。

中共八大指出，社会主义制度在我国已经基本上建立起来；我们还必须为解放台湾、为彻底完成社会主义改造、最后消灭剥削制度和继续肃清反革命残余势力而斗争，但是国内主要矛盾已经不再是工人阶级和资产阶级的矛盾，而是人民对于建立先进的工业国的要求同落后的农业国的现实之间的矛盾，是人民对于经济文化迅速发展的需要同当前经济文化不能满足人民需要的状况之间的矛盾；党和人民的主要任务是集中力量发展社会生产力，实现国家工业化，逐步满足人民日益增长的物质和文化需要。中共八大为新时期社会主义事业的发展和党的建设指明了方向。

中华人民共和国成立后，完成社会主义革命，确立社会主义制度，实现中国历史上最广泛最深刻的社会变革，建立独立的比较完整的工业体系和国民经济体系，培养大批经济建设人才。毛泽东提出，必须正确区分和处理社会主义社会两类不同性质的社会矛盾，把正确处理人民内部矛盾作为国家政治生活的主题等观点；周恩来提出，知识分子绝大多数已经是劳动人民的知识分子，科学技术在现代化建设中具有关键性作用等观点；邓小平提出，生产关系一定要适合生产力的发展水平，整顿工业企业，改善和加强企业管理，实行职工代表大会制等观点。这些观点都属于马克思主义中国化的新发展。

解放思想、锐意进取，创造改革开放和社会主义现代化建设的伟大成就

列宁指出："伟大的俄国革命家车尔尼雪夫斯基说过：历史活动并不是涅瓦大街的人行道。谁认为无产阶级革命必须一帆风顺，各国无产者必须一下子就采取联合行动，事先必须保证不会遭到失败，革命的道路必须宽阔、畅通、笔直，在走向胜利的途中根本不必承受极其重大的牺牲，不必'困守在被包围的要塞里'，或者穿行最窄狭、最难走、最曲折和最危险的山间小道，谁认为只有'在这种条件下'才'可以'进行无产阶级革命，谁就不是革命

者。"① 中国革命经历大河奔流，九曲连环，急流险滩，艰难曲折，直到遵义会议实现伟大历史转折，终于进入胜利发展的轨道。中国社会主义实践依然经历了曲折的发展道路。30 年间，中国共产党历经艰辛探索，党的十一届三中全会实现社会主义时期的伟大历史转折，终于开辟中国特色社会主义道路。

改革开放开启中国特色社会主义伟大事业

古希腊哲学家赫拉克利特认为，"太阳每天都是新的"，"人不能两次踏进同一条河流"，"一切皆流，无物常驻"。恩格斯认为，"这种原始的、素朴的、但实质上正确的世界观是古希腊哲学的世界观，而且是由赫拉克利特最先明白地表述出来的：一切都存在而又不存在，因为一切都在流动，都在不断地变化，不断地生成和消逝"②。马克思主义是发展的理论，与时俱进，与时偕行，永远不会静止不动、停留在一个水平上。1887 年 1 月 27 日，恩格斯在写给美国一位社会主义者的信中指出："我们的理论是发展着的理论，而不是必须背得烂熟并机械地加以重复的教条。"③ 毛泽东指出："马克思列宁主义并没有结束真理，而是在实践中不断开辟认识真理的道路。"④

党的十一届三中全会决定实行改革开放，极大地推进了中国特色社会主义的实践创造和理论创新。全会前夕举行了中央工作会议。邓小平亲拟讲话提纲：

一、解放思想，开动机器；

二、发扬民主，加强法制；

---

①　《列宁选集》第 3 卷，人民出版社，1995 年，第 563 页。
②　《马克思恩格斯选集》第 3 卷，人民出版社，2012 年，第 395 页。
③　《马克思恩格斯选集》第 4 卷，人民出版社，2012 年，第 588 页。
④　《毛泽东选集》第 1 卷，人民出版社，1991 年，第 296 页。

三、向后看是为的向前看；

四、克服官僚主义、人浮于事；

五、允许一部分先好起来；

六、加强责任制，搞几定；

七、新的问题。

根据这个提纲，邓小平在中央工作会议上作了《解放思想，实事求是，团结一致向前看》的重要讲话。讲话中，邓小平强调："如果现在再不实行改革，我们的现代化事业和社会主义事业就会被葬送。"他指出："解放思想，开动脑筋，实事求是，团结一致向前看，首先要解放思想。只有思想解放了，我们才能正确地以马列主义、毛泽东思想为指导，解决过去遗留的问题，解决新出现的一系列问题，正确地改革同生产力迅速发展不相适应的生产关系和上层建筑。"他认为，"只有解放思想，坚持实事求是，一切从实际出发，理论联系实际，我们的社会主义现代化建设才能顺利进行"。并强调："实事求是，是无产阶级世界观的基础，是马克思主义的思想基础。过去我们搞革命所取得的一切胜利，是靠实事求是；现在我们要实现四个现代化，同样要靠实事求是。"[1]《解放思想，实事求是，团结一致向前看》是中国实行改革开放、开辟中国特色社会主义道路的政治宣言。在此基础上，党的十一届三中全会"确定了解放思想、开动脑筋、实事求是、团结一致向前看的指导方针，果断地停止使用'以阶级斗争为纲'这个不适用于社会主义社会的口号，作出了把工作重点转移到社会主义现代化建设上来的战略决策"[2]。改革开放揭开序幕。中国特色社会主义由此发端。

邓小平指出："我们干革命几十年，搞社会主义 30 多年，截至 1978 年，

---

① 《邓小平文选》第 2 卷，人民出版社，1994 年，第 140—153 页。
② 《关于建国以来党的若干历史问题的决议》，《人民日报》1981 年 7 月 1 日。

工人的月平均工资只有四五十元，农村的大多数地区仍处于贫困状态。这叫什么社会主义优越性？因此，我强调提出，要迅速地坚决地把工作重点转移到经济建设上来。十一届三中全会解决了这个问题，这是一个重要的转折。"①从此，中国共产党带领全国人民，解放思想、实事求是，改革开放，开拓创新，在中国特色社会主义道路上高歌猛进。

邓小平紧紧抓住"什么是社会主义、怎样建设社会主义"这个基本问题，响亮提出"走自己的道路，建设有中国特色的社会主义"的伟大号召，领导中国共产党在新中国成立以来革命和建设实践的基础上，成功开创中国特色社会主义新道路。邓小平强调必须坚持以经济建设为中心，坚持四项基本原则，坚持改革开放，确立中国共产党社会主义初级阶段基本路线。邓小平正确认识中国所处的发展阶段和根本任务，领导制定现代化建设"三步走"发展战略。邓小平强调"改革是中国的第二次革命"，领导全党有步骤地展开各方面体制改革，勇敢打开对外开放大门。邓小平反复强调"两手抓、两手都要硬"，必须抓好社会主义精神文明建设和民主法制建设，实现社会全面进步。他还创造性提出"一国两制"科学构想，指导实现香港、澳门平稳过渡和顺利回归，推动海峡两岸关系打开新局面。邓小平明确提出，和平与发展是当代世界的两大问题，及时调整各方面政策，为改革开放和社会主义现代化建设创造了难得历史机遇和良好外部环境。邓小平强调，加强党的领导必须改善党的领导，必须聚精会神抓党的建设，使党的建设充满新的生机活力。正是这些重大思想理论和实践，使20世纪的中国又一次发生天翻地覆的变化，在新的实践中形成马克思主义中国化新的理论成果——邓小平理论。

社会主义发展史证明，"改革开放是我们党的一次伟大觉醒，正是这个

---

① 《邓小平文选》第3卷，人民出版社，1993年，第10—11页。

伟大觉醒孕育了我们党从理论到实践的伟大创造。改革开放是中国人民和中华民族发展史上一次伟大革命，正是这个伟大革命推动了中国特色社会主义事业的伟大飞跃！"①

从农村改革起步到创办经济特区，解放和发展生产力

中国特色社会主义以改革开放为起点，改革开放首先从农村改革起步。列宁认为生机勃勃的社会主义是人民群众自己创造出来的。农村改革来自农民群众的创造。马克思主义基本原理强调，生产力决定生产关系，经济基础决定上层建筑，生产关系必须适应生产力的发展要求。然而，改革开放以前，农村生产关系频繁变动，严重超越农村生产力发展水平，"大锅饭""大呼隆"的人民公社体制极大地束缚了农民的生产积极性。

1978年11月，安徽凤阳小岗村18户农民订立"包产到户"契约，决定"包产到户"。他们认为包产到户"交足国家的，留够集体的，剩下都是自己的"，有利于促进和发展农业生产。小岗村由此成为农村改革发源地。农村改革大潮汹涌澎湃，势不可当。农村改革的巨大成功有力地打破人们头脑里的精神枷锁，促进了思想解放，推动了改革开放迅猛发展。农村改革通过"家庭联产承包责任制"彻底解决困扰中华民族数千年的吃饭问题。这是中国特色社会主义对中华民族的伟大贡献，也是对整个人类的伟大贡献，因为中国解决了人类四分之一人口的吃饭问题。

2016年4月，习近平总书记来到小岗村了解18户村民按下红手印签订大包干契约的情景，感慨道："当年贴着身家性命干的事，变成中国改革的一声惊雷，成为中国改革的标志。"习近平总书记强调："雄关漫道真如铁，而今迈步从头越。今天在这里重温改革，就是要坚持党的基本路线一百年不动

---

① 习近平：《在庆祝改革开放40周年大会上的讲话》，《人民日报》2018年12月19日。

摇，改革开放不停步，续写新的篇章。"①

中国对外开放以创办经济特区为开端。

1978年，习仲勋主持广东工作，个别农村经济落后地区出现逃往香港打工的"逃港风"。习仲勋到"逃港风"严重的村子调研时，问外逃的人："你们为什么要跑到香港那边给人当奴仆，受人剥削？"

对方回答："我们穷，分配很低。到香港容易找工作。"

在实地调研中，习仲勋找到了"逃港风"的根源所在。此时，国家有关方面到欧洲和港澳考察，了解世界经济状况，为对外开放、创办经济特区献计献策。

1978年11月，习仲勋在中央工作会议上作《广东的建设如何大干快上》工作汇报，提出利用广东与香港、澳门相邻优势，尽快发展广东的建议。

1979年4月，习仲勋向中央直谏："不仅经济体制，整个行政体制上也要考虑改革。中国这么大，各省有各省的特点，有些应根据各省的特点来搞。"② 同年7月，中共中央、国务院批准广东、福建实行"特殊政策、灵活措施、先行一步"，并试办出口特区。1980年8月，深圳、珠海、汕头、厦门经济特区应运而生。

当时，经济全球化决定了中国只能在面向世界的改革开放中实现社会主义现代化。对外开放是迅速赶上世界发展潮流、实现社会主义现代化的必要条件，是汲取国内外发展经验的必然结果，是社会化大生产和经济全球化的客观要求，是发展社会主义市场经济的必由之路，也是中国特色社会主义的伟大创举。经济特区建立后，"逃港风"很快消失了。

1984年，根据邓小平进一步扩大开放的指导思想，中央决定进一步开

① 《回访安徽干部群众：总书记来到我们身边》，《人民日报》2016年4月28日。
② 黄硕忠：《习仲勋主政广东二三事：使广东成改革开放先锋》，《百年潮》2013年第4期。

放上海、广州、天津、大连等 14 个沿海港口城市，形成中国对外开放的前沿阵地。

1985 年，中央决定把长江三角洲、珠江三角洲和闽南厦门、泉州、漳州三角地区开辟为经济开放区，把中国对外开放向前推进一大步。

1988 年，中央决定海南建省，把海南岛辟为经济特区。

在中央坚强领导和全国支持下，经济特区为改革开放和社会主义现代化建设作出了重大贡献。

建设小康社会，推进中国特色社会主义

中国特色社会主义为马克思主义中国化的实践创造与理论创新开辟无限广阔的道路。

20 世纪 80 年代初，邓小平前往四川、湖北、河南调查研究，提出推进和发展中国特色社会主义的一系列新思想、新观点、新思路。

在四川，邓小平肯定了农村改革和各方面工作，并鼓励说："你们的胆子还要再大些。"

在湖北十堰，邓小平参观了第二汽车厂。他说："这次我出来（调研），最感兴趣的是年轻干部，对大学毕业、有实践经验、有业务能力、又敢于顶住'四人帮'的破坏，这样的青年干部要很好培养。"他指出，我们现在的任务就是办好这件事，这比什么都有意义。"现在任何一个老同志和高级干部，合乎不合乎党员标准和干部标准，就看他能不能认真选好合格的接班人。""老同志现在的责任很多，第一个责任是什么？就是认真选好接班人，选得合格，选得好，我们就交了账了，这一辈子的事就差不多了。"

邓小平认为，中央委员会委员中要有一大批优秀的中青年干部，50 岁以下的同志要占中央委员会总数的 50% 左右，要注重选拔人才，培养人才，一定要把选拔青年干部的工作做好。邓小平强调：老干部的责任就是选拔好

青年干部，这是一项比什么都重要的工作，从这次出来看，有的是人才。政治标准通过"文化大革命"已经分清楚了：标准就是，不是"四人帮"体系。

邓小平前往河南途中，听取了省委负责同志关于河南工业、农业、财贸等工作汇报。

邓小平指出："这次出来到几个省看看，最感兴趣的两个问题，一个是选拔青年干部问题：一个是如何实现农村'奔小康'，达到人均一千美元问题。"

省委负责同志汇报了河南农村发展变化和各项农村主要经济指标。

邓小平问："你们的账是怎么算的？"

对方回答："我们在火车上算的。""河南农业按照每年增长8%递增，我们就可以提前两年达到人均一千美元。"

他们以河南新乡刘庄村为例，就农村经济发展中农业、乡镇工业、副业在农业总产值中所占的比重和具体数字，向邓小平算了算河南农村何时才能达到小康水平的"账"。

邓小平让他们反复核算，一定要算准确，并说，如何实现农村奔小康，达到人均一千美元，我作了一些调查，让江苏、广东、山东、湖北、东北三省等省份，一个省一个省"算账"，我对这件事最感兴趣，8亿人口能够达到人均一千美元的小康水平，这就是一件很了不起的事情。你们河南地处中原，你们"算账"的数字是"中原标准""中州标准"，有一定的代表性。

省委负责同志谈到在黄河中游修建小浪底水库，可以防止黄河中下游洪水灾害，在发电、灌溉、水利等方面产生巨大经济效益时，邓小平说："小浪底水库现在还没有建成，不能算进去。"

省委负责同志谈到在保证完成国家调拨粮食任务情况下，大力发展农村经济作物，增加农民收入时，邓小平说：农业可靠……。

省委负责同志谈到河南正在发展棉花生产，争取通过科学种田，不断提高棉花产量时，邓小平认为可以继续提高。

省委负责同志谈到通过发展棉花种植，几十个纱厂就可以带起来，增加农民收入时，邓小平说，一定要保证产品质量。

邓小平到郑州北郊黄河花园口，详细了解黄河汛期流量和防洪措施等。他从黄河大坝一直走到黄河主流旁，仔细观察黄河流量，询问黄河泥沙情况和防止泥沙淤积措施。邓小平说，维持黄河的现状，仍有相当大一部分地区和人口在特大洪水出现时有危险，因此还是要搞小浪底水库，解决黄河中下游的汛期防洪问题。①

一路上，邓小平最感兴趣是如何使农村尽快发展起来，如何使农民尽快实现人均一千美元达到小康水平。每当谈到具体问题时，他总是掰着指头详细"算账"。

在谈到农民住房问题时，邓小平指出，过去对于发展建材工业不重视，把盖房子不当生产当消费是不对的，四川的老太太有了钱，一是娶媳妇，一是盖房子，建筑工业大有发展前途，包括城市和农村，发展建材生产只搞砖瓦不行，要搞现代的、轻型的。为了实现人均一千美元的目标，要敢想、敢干，敞开思想，找门路。

在谈到农民的燃料问题时，邓小平指出，农村发展沼气要列入计划，使用沼气不仅节约能源、节约时间，而且减少疾病，又清洁卫生，20天发酵消灭血吸虫，还能秸秆还田，提高肥效。但是发展沼气一哄而起不行，要有计划、有步骤，一批一批地搞。

怎样早日使中国人民达到人均一千美元的"小康"水平，是邓小平考虑的一个大问题。经过对四川、湖北、河南等实地调查，邓小平的考虑更加

---

① 邓小平在四川、湖北、河南的谈话内容，全部引自薛庆超：《访中原谈奔小康》（中共中央党史研究室：《再造中华辉煌——邓小平纪事》，中共党史出版社，1994年，第177—180页）。邓小平谈话原件存河南省档案馆，本书作者薛庆超存有抄件。

成熟。邓小平强调："四川政策老太太高兴，赞成联产责任制，政策威力大，有了正确的农村政策，农业生产就发展得快，但科学种田问题还没有很好解决。""实现人均一千美元，调查了河南、湖北、江苏、广东、东北三省、山东，共 8 个省，在中国 8 亿人口中，河南有一定的代表性，河南地处中原是'中原标准'。"

邓小平在四川、湖北、河南的谈话精神，对建设小康社会、深化改革开放、推进中国特色社会主义具有重要意义。

在社会主义初级阶段，发展是硬道理

20 世纪 90 年代前后，苏联解体，东欧剧变，世界风云剧烈变幻，中国特色社会主义一枝独秀。邓小平认为，"中国解决所有问题的关键是要靠自己发展"。

1992 年初，邓小平前往南方调研，从社会实践中获取"发展灵感"，从人民群众创造性劳动中汲取政治智慧。

邓小平在武汉指出："发展才是硬道理"，"能快就不要慢"，"不坚持社会主义，不改革开放，不发展经济，不改善人民生活，只能是死路一条"。办事情正确与否，"主要看是否有利于发展社会主义社会的生产力，是否有利于增强社会主义国家的综合国力，是否有利于提高人民的生活水平"，"中国的事情关键在人，关键在党"。"我坚信，世界上赞成马克思主义的人会多起来的，因为马克思主义是科学。"

邓小平在长沙指出："改革开放的胆子要大一些，经济发展要快一点，总要力争隔几年上一个台阶。"

邓小平看到深圳市区的巨大变化时高兴地说："对办特区，从一开始就有不同意见，担心是不是搞资本主义。深圳的建设成就，明确回答了那些有这样那样担心的人。特区姓'社'不姓'资'。""从深圳的情况看，公有制

是主体，外商投资只占四分之一，就是外资部分，我们还可以从税收、劳务等方面得到益处嘛！多搞点'三资'企业，不要怕。""有的人认为，多一分外资，就多一分资本主义，'三资'企业多了，就是资本主义的东西多了，就是发展了资本主义。这些人连基本常识都没有。""广东二十年赶上亚洲'四小龙'，不仅经济要上去，社会秩序、社会风气也要搞好，两个文明建设都要超过他们，这才是有中国特色的社会主义。"

邓小平听了深圳工作汇报后指出："要坚持党的十一届三中全会以来的路线、方针、政策，关键是坚持'一个中心、两个基本点'。不坚持社会主义，不改革开放，不发展经济，不改善人民生活，只能是死路一条。基本路线要管一百年，动摇不得。"邓小平对深圳负责同志说："改革开放胆子要大一些，敢于试验，不能像小脚女人一样。看准了的，就大胆地试，大胆地闯。深圳的重要经验就是敢闯。没有一点闯的精神，没有一点'冒'的精神，没有一股气呀、劲呀，就走不出一条好路，走不出一条新路，就干不出新的事业。"

在深圳前往珠海的快艇上，邓小平说："抓住时机，发展自己，关键是发展经济。现在，周边一些国家和地区经济发展比我们快，如果我们不发展或发展得太慢，老百姓一比较就有问题了。所以，能发展就不要阻挡，有条件的地方要尽可能搞快点，只要是讲效益，讲质量，搞外向型经济，就没有什么可以担心的。低速度就等于停步，甚至等于后退。要抓住机会，现在就是好机会。我就担心丧失机会。不抓呀，看到的机会就丢掉了。时间一晃就过去了。"

在珠海经济特区，邓小平说："我坚信，世界上赞成马克思主义的人会多起来的。"并指出，一些国家出现严重曲折，社会主义好像被削弱了，但人民经受锻炼，从中吸收教训，将促使社会主义向着更加健康的方向发展。①

---

① 邓小平在武昌、深圳、珠海、上海等地的谈话内容参见：《邓小平文选》第3卷，人民出版社，1993年，第370—383页。

邓小平南方谈话精辟分析国际国内形势，科学总结改革开放以来党的基本实践和基本经验，明确回答困扰和束缚人们思想的许多认识问题，强调基本路线要管一百年，动摇不得，要求全党思想更解放一点，改革开放的胆子更大一点，建设的步子更快一点，千万不可丧失时机。邓小平通过总结改革开放成功经验，向世界宣示了坚持和发展中国特色社会主义的坚定信念。以此为标志，改革开放和社会主义现代化建设进入新阶段。

始终不渝地坚持马克思主义中国化的正确方向

从 20 世纪末到 21 世纪初，中国共产党始终不渝地坚持马克思主义中国化的正确方向，充分认识社会主义初级阶段基本国情，牢牢立足社会主义初级阶段这个最大实际，牢牢坚持党的基本路线这个党和国家的生命线、人民的幸福线，领导和团结全国各族人民，以经济建设为中心，坚持四项基本原则，坚持改革开放，推动中国特色社会主义砥砺前行。

党的十三届四中全会以后，以江泽民同志为主要代表的中国共产党人团结带领全党全国各族人民，坚持党的基本理论、基本路线，加深了对什么是社会主义、怎样建设社会主义和建设什么样的党、怎样建设党的认识，积累治党治国新的宝贵经验，形成"三个代表"重要思想，在国内外形势十分复杂、世界社会主义出现严重曲折的严峻考验面前，捍卫了中国特色社会主义，确立了社会主义市场经济体制的改革目标和基本框架，确立了社会主义初级阶段的基本经济制度和分配制度，开创了全面改革开放新局面，推进了党的建设新的伟大工程，成功把中国特色社会主义推向 21 世纪。

党的十六大以后，以胡锦涛同志为主要代表的中国共产党人团结带领全党全国各族人民，根据新的发展要求，深刻认识和回答新形势下实现什么样的发展、怎样发展等重大问题，形成科学发展观，抓住重要战略机遇期，在全面建设小康社会进程中推进实践创新、理论创新、制度创新，强调坚持以人为本、全面协调可持续发展，形成中国特色社会主义事业总体布局，着力保障和改善民生，促进社会公平正义，推动建设和谐世界，推进党的执政能力建设和先进性建设，成功在新形势下坚持和发展了中国特色社会主义。

自信自强、守正创新，创造新时代中国特色社会主义的伟大成就

恩格斯指出："马克思发现了人类历史的发展规律，即历来为繁芜丛杂的意识形态所掩盖着的一个简单事实：人们首先必须吃、喝、住、穿，然后才能从事政治、科学、艺术、宗教等等；所以，直接的物质的生活资料的生产，从而一个民族或一个时代的一定的经济发展阶段，便构成基础，人们的国家设施、法的观点、艺术以至宗教观念，就是从这个基础上发展起来的，因而，也必须由这个基础来解释，而不是像过去那样做得相反。"[1] 从马克思主义基本原理之一"人民群众是历史的创造者"到以人民为中心的发展思想，体现了习近平新时代中国特色社会主义思想既与马克思主义一脉相承又与时俱进的理论特质。

人民对美好生活的向往，就是我们的奋斗目标

马克思、恩格斯指出："历史活动是群众的活动，随着历史活动的深入，必将是群众队伍的扩大。"[2] "过去的一切运动都是少数人的或者为少数人谋利益的运动。无产阶级的运动是绝大多数人的、为绝大多数人谋利益的独立的运动。"[3] 马克思主义运用辩证唯物主义与历史唯物主义考察人类社会历史发展进程，认为：生产力决定生产关系，经济基础决定上层建筑，而劳动者

---

[1] 《马克思恩格斯选集》第 3 卷，人民出版社，2012 年，第 1002 页。
[2] 《马克思恩格斯文集》第 1 卷，人民出版社，2009 年，第 287 页。
[3] 《马克思恩格斯选集》第 1 卷，人民出版社，2012 年，第 411 页。

是生产力诸要素中最活跃最革命的要素，人民群众是社会物质财富和精神财富的创造者，是推动社会变革的决定性力量，科学揭示了人民群众是推动社会发展的主体力量，人民群众是历史的创造者。马克思、恩格斯对人民群众是历史的创造者、无产阶级革命政党必须和人民群众保持密切联系的重要论述，构成马克思主义群众观。

中国共产党根据马克思主义基本原理对中国革命实践进行深刻总结，形成一切依靠群众，一切相信群众，一切为了群众，从群众中来、到群众中去，密切联系群众的群众路线。这是中国共产党在艰难困苦环境中战胜强敌经验的深刻总结，是中国共产党对马克思主义理论宝库的丰富和发展。习近平总书记指出：毛泽东同志要求全党同志必须全心全意为人民服务，邓小平同志要求我们做工作必须考虑群众拥护不拥护、赞成不赞成、高兴不高兴、答应不答应，江泽民同志提出我们党要始终代表中国最广大人民根本利益，胡锦涛同志提出必须把实现好、维护好、发展好最广大人民根本利益作为一切工作的出发点和落脚点。中国特色社会主义新时代，习近平总书记明确提出"人民对美好生活的向往，就是我们的奋斗目标"[1]。在前进征途上，只要我们党始终坚持人民利益高于一切，紧紧依靠人民，就能永远立于不败之地。

确立以人民为中心的发展思想

党的十九大正式确立以人民为中心的发展思想，"坚持以人民为中心。人民是历史的创造者，是决定党和国家前途命运的根本力量。必须坚持人民主体地位，坚持立党为公、执政为民，践行全心全意为人民服务的根本宗旨，把党的群众路线贯彻到治国理政全部活动之中，把人民对美好生活的向往作为奋斗目标，依靠人民创造历史伟业"[2]。"以人民为中心的发展思想"强调

---

[1] 《习近平在十八届中共中央政治局常委同中外记者见面时强调 人民对美好生活的向往就是我们的奋斗目标》，《人民日报》2012年11月16日。
[2] 习近平：《在中国共产党第十九次全国代表大会上的报告》，《人民日报》2017年10月28日。

"人民至上"，将马克思主义关于人民群众是历史创造者的基本原理和中国共产党群众路线发展到崭新阶段，成为 21 世纪马克思主义的重要内容。

习近平总书记在纪念马克思诞辰 200 周年时指出："学习马克思，就要学习和实践马克思主义关于坚守人民立场的思想。人民性是马克思主义最鲜明的品格。马克思说，'历史活动是群众的活动'。让人民获得解放是马克思毕生的追求。我们要始终把人民立场作为根本立场，把为人民谋幸福作为根本使命，坚持全心全意为人民服务的根本宗旨，贯彻群众路线，尊重人民主体地位和首创精神，始终保持同人民群众的血肉联系，凝聚起众志成城的磅礴力量，团结带领人民共同创造历史伟业。这是尊重历史规律的必然选择，是共产党人不忘初心、牢记使命的自觉担当。"① 中国特色社会主义新时代决胜全面建成小康社会，"脱贫攻坚"、"精准扶贫"、乡村振兴战略、美丽乡村建设、"绿水青山就是金山银山"等，都是"以人民为中心的发展思想"的体现，有力地促进了经济发展、社会进步和人民幸福。

全面建成小康社会是 21 世纪马克思主义中国化的辉煌成就

马克思认为，衣食住行是人们最基本的物质生活需要，人类要生存发展必须首先进行物质资料生产。恩格斯强调，马克思发现了人类社会的发展规律，人民首先必须吃、喝、住、穿，然后才能从事政治、科学、艺术、宗教等。马克思主义的根本目的是实现人的自由和发展。中国共产党百年历史最根本的一条就是从人民群众最基本的需求出发，为实现人民群众翻身解放、过上幸福生活而不懈奋斗。

土地革命时期，"打土豪分田地"赢得人民群众衷心拥护。抗日战争时期，"减租减息"适应民族解放需要。解放战争时期，土地改革彻底废除封

---

① 习近平：《在纪念马克思诞辰 200 周年大会上的讲话》，《人民日报》2018 年 5 月 5 日。

建性及半封建性剥削的土地制度。中国共产党实行耕者有其田，彻底摧毁帝国主义、封建主义和官僚资本主义的统治基础，促进了社会生产力的发展，为中国革命胜利奠定了坚实的群众基础。改革开放新时期，中国共产党将马克思主义基本原理与社会主义初级阶段的基本国情相结合，提出建设小康社会，进一步推进了马克思主义中国化。"奔小康"上接天线下接地气，人民大众晓畅明白，男女老少朗朗上口，成为中华民族最大共识。

党的十八大起，全面建成小康社会进入决战决胜阶段。习近平主席在美国西雅图即席演讲中指出："新中国成立以来特别是改革开放以来，中国走过了一段很不平凡的历程，我们这一代中国人对此有着切身的体会。上世纪60年代末，我才十几岁，就从北京到中国陕西省延安市一个叫梁家河的小村庄插队当农民，在那儿度过了7年时光。那时候，我和乡亲们都住在土窑里、睡在土炕上，乡亲们生活十分贫困，经常是几个月吃不到一块肉。我了解乡亲们最需要什么！后来，我当了这个村子的党支部书记，带领乡亲们发展生产。我了解老百姓需要什么。我很期盼的一件事，就是让乡亲们饱餐一顿肉，并且经常吃上肉。但是，这个心愿在当时是很难实现的。今年春节，我回到这个小村子。梁家河修起了柏油路，乡亲们住上了砖瓦房，用上了互联网，老人们享有基本养老，村民们有医疗保险，孩子们可以接受良好教育，当然吃肉已经不成问题。"[①] "这两年，我去了中国很多贫困地区，看望了很多贫困家庭，他们渴望幸福生活的眼神深深印在我的脑海里。"[②]

全面建成小康社会的进程中，习近平总书记走遍全国14个集中连片特困地区，深入河北阜平县骆驼湾村和顾家台村、甘肃渭源县元古堆村、湖南凤凰县菖蒲塘村、湖南花垣县十八洞村、河南兰考县张庄村、江西井冈山市神山村、安徽金寨县大湾村、宁夏泾源县杨岭村、宁夏永宁县原隆村、青海

---

① 《习近平谈治国理政》第 2 卷，外文出版社，2017 年，第 29—30 页。
② 《习近平谈治国理政》第 2 卷，外文出版社，2017 年，第 30 页。

格尔木市长江源村、青海互助土族自治县班彦村、河北张北县德胜村、山西岢岚县赵家洼村和宋家沟村、四川昭觉县三河村和火普村、重庆石柱土家族自治县华溪村、江西于都县潭头村、内蒙古喀喇沁旗马鞍山村、河南光山县东岳村、云南腾冲市三家村中寨司莫拉佤族村、陕西柞水县金米村、宁夏吴忠市弘德村等贫困村考察调研。

习近平总书记强调,"小康不小康,关键看老乡",全面建成小康社会"一个也不能少""一个少数民族也不能少"。"上下同心,其利断金。"全党全国凝心聚力,万众一心,众志成城,攻坚克难,终于实现建党 100 周年全面建成小康社会的奋斗目标。2021 年 7 月 1 日,习近平总书记庄严宣告:"经过全党全国各族人民持续奋斗,我们实现了第一个百年奋斗目标,在中华大地上全面建成了小康社会,历史性地解决了绝对贫困问题,正在意气风发向着全面建成社会主义现代化强国的第二个百年奋斗目标迈进。"①

马克思主义认为:"如果要去探究那些隐藏在——自觉地或不自觉地,而且往往是不自觉地——历史人物的动机背后并且构成历史的真正的最后动力的动力,那么问题涉及的,与其说是个别人物,即使是非常杰出的人物的动机,不如说是使广大群众、使整个整个的民族,并且在每一民族中间又是使整个整个阶级行动起来的动机。"② 以人民为中心的发展思想将马克思主义基本原理与中国共产党的伟大实践、中华民族的创造性劳动紧密结合在一起,最大限度地激发了千百万人民群众的积极性、创造性和历史主动精神,汇成了推动历史前进、全面建成小康社会的磅礴力量。以人民为中心的发展思想与中国全面建成小康社会的决心和行动,震撼了整个世界。美国前总统卡特曾建议时任美国总统特朗普,"像中国一样,少打仗,多建设"。美国前总统奥巴马认为,"中国成功让数亿人摆脱极度贫穷,实属人类一大创举"。

---

① 习近平:《在庆祝中国共产党成立 100 周年大会上的讲话》,《人民日报》2021 年 7 月 2 日。
② 《马克思恩格斯选集》第 4 卷,人民出版社,2012 年,第 255—256 页。

不忘初心、勇毅前行，用马克思主义观察时代、把握时代、引领时代

中国共产党成立 100 周年之际，中国开启全面建设社会主义现代化国家新征程。在新的征程上，我们要坚持"用马克思主义观察时代、把握时代、引领时代，继续发展当代中国马克思主义、21 世纪马克思主义！"[①]

要始终不渝地坚持把马克思主义基本原理与中国的具体实际相结合

"化"者，彻头彻尾、彻里彻外也。对中国共产党来说，马克思主义中国化是一个永恒的主题。一百多年以来，中国共产党将马克思主义基本原理与中国的具体实践相结合，新民主主义革命时期开辟农村包围城市、武装夺取政权的中国革命新道路；新中国成立以后，取得社会主义革命和建设时期的巨大成就；改革开放和社会主义现代化建设时期，开创中国特色社会主义道路；中国特色社会主义新时代，实现决胜全面建成小康社会。

开启全面建设社会主义现代化国家新征程，必须继续推进马克思主义中国化，用马克思主义基本原理分析世界形势，站在历史发展的制高点上，掌控推动历史前进的主动权，妥善应对前所未有的来自各个方面的各种新挑战，解决遇到的各种纷繁复杂的新问题，达成中华人民共和国成立 100 年时把我国建成富强民主文明和谐美丽的社会主义现代化强国的宏伟目标。

要始终不渝地坚持以马克思主义基本原理分析、把握历史大势

用马克思主义的宽广眼光看待一切事物，以马克思主义的辩证唯物主义

---

① 习近平：《在庆祝中国共产党成立100周年大会上的讲话》，《人民日报》2021 年 7 月 2 日。

和历史唯物主义分析经济、政治和各种突如其来的问题，以此作为中国共产党制定路线、方针、政策和确立奋斗目标的重要基础；立足中国国情，立足现实，展望未来，正确处理中国与世界的关系，善于抓住和用好各种重要机遇，乘势而上，顺势而为，是中国共产党百年历史的成功经验，也是马克思主义中国化的应有之义。

"作出改革开放的重大决策，也是基于我们党对时代潮流的深刻洞察。当时，世界经济科技快速发展，我国发展同国际先进水平的差距明显拉大，邓小平同志说：'我们要赶上时代，这是改革要达到的目的。'我们党对世界大势作出了科学判断，下决心实现党和国家工作中心的转移，一往无前拉开了改革开放的历史大幕。"①

21世纪20年代的国际形势错综复杂，资本主义世界的剧烈变化令人眼花缭乱，发展中国家遇到的经济、政治、宗教、民族、发展问题层出不穷。古诗云："飞来山上千寻塔，闻说鸡鸣见日升。不畏浮云遮望眼，自缘身在最高层。"坚持以马克思主义基本原理分析、把握历史大势，就能够"不畏浮云遮望眼""透过现象看本质""任凭风浪起，稳坐钓鱼船"，牢牢把握"和平与发展是当代世界的两大主题"的天下大势，坚持中国特色社会主义道路自信、理论自信、制度自信、文化自信，为实现中华民族伟大复兴奋勇前进。

要始终不渝地坚持以人民为中心的发展思想

"江山就是人民，人民就是江山。"中国共产党来自人民，植根人民，为了人民，服务人民。中国特色社会主义新时代将马克思主义关于人民是历史创造者的基本原理、中国共产党的群众路线、全心全意为人民服务的宗旨，

---

① 习近平：《在党史学习教育动员大会上的讲话》，《求是》2021年第7期。

集中地凝聚为"以人民为中心的发展思想",集中地凝聚为"人民至上",这是马克思主义中国化的最新理论成果,是中国共产党百年历史的理论结晶,是当代中国马克思主义的集中体现,是 21 世纪的马克思主义。

在全面建设社会主义现代化国家新征程中,要进一步落实马克思主义关于实现共同富裕、实现人的全面发展的基本原理,"生产将以所有人的富裕为目的""所有人共同享受大家创造出来的福利"。马克思、恩格斯认为:"代替那存在着阶级和阶级对立的资产阶级旧社会的,将是这样一个联合体,在那里,每个人的自由发展是一切人的自由发展的条件。"[①] 中国特色社会主义新时代打赢脱贫攻坚战,全面建成小康社会,为促进共同富裕创造了良好条件。在全面建设社会主义现代化国家新征程中,要适应中国社会主要矛盾的变化,更好满足人民日益增长的美好生活需要,把促进共同富裕作为为人民谋幸福的着力点。共同富裕是全体人民的富裕,是不断提升人民群众物质生活和精神生活的富裕。要坚持在发展中保障和改善民生,为人民提高受教育程度、增强发展能力创造更加普惠公平的条件,畅通向上流动通道,给更多人创造致富机会,形成人人参与的发展环境。要坚持基本经济制度,立足社会主义初级阶段实际状况,坚持公有制为主体、多种所有制经济共同发展,允许一部分人先富起来,先富带后富、帮后富,鼓励辛勤劳动、合法经营、敢于创业的致富带头人。要尽力而为、量力而行,建立科学的公共政策体系,形成人人享有的合理分配格局。要坚持以人民为中心的发展思想,在高质量发展中促进共同富裕,促进社会公平正义,实现全体人民共同富裕、促进人的全面发展。

---

① 《马克思恩格斯选集》第 1 卷,人民出版社,2012 年,第 422 页。

二

"第二个结合"是马克思主义中国化时代化的最新成果

马克思指出："人们自己创造自己的历史，但是他们并不是随心所欲地创造，并不是在他们自己选定的条件下创造，而是在直接碰到的、既定的、从过去承继下来的条件下创造。"[①] 马克思主义传入中国后，科学社会主义的主张受到中国人民热烈欢迎，并最终扎根中国大地、开花结果，绝不是偶然的，而是同我国传承了几千年的优秀历史文化和广大人民日用而不觉的价值观念相融通的。中华优秀传统文化价值观同马克思恩格斯创立的科学社会主义体系价值观主张具有高度融合性。这是中国共产党"坚持把马克思主义基本原理同中国具体实际相结合、同中华优秀传统文化相结合"的重要前提和有利条件。

中国共产党成立后，植根中华大地，吸吮中华优秀传统文化的丰厚营养，继承中华民族五千多年历史文化传统，不断将马克思主义中国化时代化推向新阶段。中国人民抗日战争时期，毛泽东在《中国革命与中国共产党》中深刻论述了中国社会、中华民族、古代的封建社会、现代的殖民地半殖民地和半封建社会。在此基础上，他论述了中国革命、百年来的革命运动、中国革

---

① 《马克思恩格斯选集》第 1 卷，人民出版社，2012 年，第 669 页。

命的对象、中国革命的任务、中国革命的动力，从而得出中国革命的性质、中国革命的前途、中国革命的两重任务和中国共产党的结论。

在中国革命进程中，毛泽东从中华优秀传统文化中提取"实事求是"思想基因，将其确立为中国共产党的思想路线。邓小平启动改革开放，首先提出恢复中国共产党实事求是的思想路线。改革开放初期，邓小平从中华民族对"小康"的千年期盼获得启发，用"奔小康""小康之家""建设小康社会"作为改革开放的阶段性目标。江泽民根据中华优秀传统文化"以德治国"理念，明确提出"把依法治国与以德治国紧密结合起来"的治国方略，实现中国从 20 世纪向 21 世纪的跨世纪发展。胡锦涛传承中华优秀传统文化"民为邦本"的历史基因，提出"科学发展""以人为本"；根据中华民族历来主张"以和为贵""仁者爱人"理念，提出构建"和谐社会"与"和谐世界"主张。

党的十八大以来，习近平总书记把马克思主义基本原理同中国具体实际相结合、同中华优秀传统文化相结合推进到新阶段，运用"两个结合"治党治国治军，形成了习近平新时代中国特色社会主义思想。习近平总书记把马克思主义关于人民群众是历史的创造者的基本原理、中国共产党长期形成的群众路线同中华优秀传统文化的"民为邦本"相结合，创造性提出"江山就是人民、人民就是江山""坚持以人民为中心的发展思想""坚持人民至上"。他运用中华优秀传统文化"周虽旧邦、其命维新""天行健君子以自强不息，地势坤君子以厚德载物""苟日新，日日新，又日新"来阐发全面深化改革思想。他运用中华优秀传统文化"愚公移山"来激励脱贫攻坚、全面建成小康社会。他运用中华优秀传统文化自古以来"协和万邦"的历史基因阐述中国周边外交与和平共处的外交政策，倡导推动构建人类命运共同体。凡此种种，上接天线，下接地气，明白晓畅，成效显著。

中华优秀传统文化为实现马克思主义中国化时代化注入了源源不断的清清泉水。宋代朱熹有诗曰："半亩方塘一鉴开，天光云影共徘徊。问渠那得清如许，为有源头活水来。"2023 年 6 月，习近平总书记在文化传承发展座谈会上，深刻把握中华文明的突出特性，列举了中华优秀传统文化中诸多重要元素：天下为公、天下大同的社会理想，民为邦本、为政以德的治理思想，九州共贯、多元一体的大一统传统，修齐治平、兴亡有责的家国情怀，厚德载物、明德弘道的精神追求，富民厚生、义利兼顾的经济伦理，天人合一、万物并育的生态理念，实事求是、知行合一的哲学思想，执两用中、守中致和的思维方法，讲信修睦、亲仁善邻的交往之道。习近平总书记强调，这些元素共同塑造出中华文明突出的连续性、创新性、统一性、包容性、和平性。

习近平总书记把"两个结合"的重大意义归纳为："我们的社会主义为什么不一样？为什么能够生机勃勃充满活力？关键就在于中国特色，中国特色的关键就在于两个结合"；"中国特色社会主义道路，是在马克思主义指导下走出来的，也是从五千多年中华文明史中走出来的"；"中国式现代化是赓续古老文明的现代化，而不是消灭古老文明的现代化；是从中华大地长出来的现代化，不是照搬照抄其他国家的现代化；是文明更新的结果，而不是文明断裂的产物"。

中国共产党坚持把马克思主义基本原理同中国具体实际相结合、同中华优秀传统文化相结合，对中华优秀传统文化不是简单的"克隆"，也不是轻而易举的"复制"，更不是"山寨版"的"照抄照搬"，而是对中华优秀传统文化进行创造性转化和创新性发展，从中汲取五千多年中华文明史中蕴含的深邃政治智慧和丰厚历史智慧，从而为实现中华民族伟大复兴提供取之不尽用之不竭的精神动力。

三

深化对马克思主义基本原理与中华优秀传统文化关系的认识

中国共产党自成立之日起，既是中国先进文化的积极引领者和践行者，又是中华优秀传统文化的忠实传承者和弘扬者。我们党在推进马克思主义基本原理同中国具体实际相结合的实践中，始终传承发展中华优秀传统文化。党的创新理论成果，既体现了马克思主义基本原理，又包含了中华民族的优秀思想和中国共产党人的实践经验。

"第二个结合"是又一次的思想解放

"'第二个结合'是又一次的思想解放，让我们能够在更广阔的文化空间中，充分运用中华优秀传统文化的宝贵资源，探索面向未来的理论和制度创新。"把马克思主义基本原理同中华优秀传统文化的结合提升到"思想解放"的高度，充分肯定了"第二个结合"在建设中华民族现代文明中的重要作用。

马克思主义不断发展的过程也是不断解放思想的过程。正是在不断解放思想的过程中，马克思主义不断实现理论上的创新突破，始终成为深刻揭示自然界、人类社会、人类思维发展普遍规律，指导人类社会发展进步的科学真理。马克思主义在中国传播和发展过程中，不断同中国具体实际、同中华优秀传统文化相结合，铸就了马克思主义中国化时代化的百年进程。在这一过程中，思想解放在历史的关键节点起到了重要作用。新民主主义革命时期，对教条主义的批判与清理，本身就是一次思想大解放。这一思想解放筑牢了马克思主义中国化时代化的思想理论根基，为党和人民事业发展提供了科学指引。十年"文革"结束后，在党和国家面临何去何从的重大历史关头，邓小平坚持解放思想、实事求是，成功开创了中国特色社会主义。习近平总书记强调："改革开放的过程就是思想解放的过程。没有思想大解放，就不会有改革大突破。"中国特色社会主义进入新时代，以习近平同志为核心的党中央坚持解放思想、实事求是、与时俱进、求真务实，一切从实际出发，着眼解决新时代改革开放和社会主义现代化建设的实际问题，不断回答中国之问、世界之问、人民之问、时代之问，作出符合中国实际和时代要求的正确回答，得出符合客观规律的科学认识，形成与时俱进的理论成果，开辟了马克思主义中国化时代化新境界。

我们党对马克思主义基本原理的认识、实践和发展随着思想的解放而不断深化。习近平总书记强调："马克思主义中国化时代化这个重大命题本身就决定，我们决不能抛弃马克思主义这个魂脉，决不能抛弃中华优秀传统文化这个根脉。坚守好这个魂和根，是理论创新的基础和前提。"坚守好马克思主义这个"魂脉"，也决不能抛弃中华优秀传统文化这个"根脉"，是对中华优秀传统文化深层本质认识的不断深化，是对中华传统文化的现代性认知与理解的一种思想解放。马克思主义的科学社会主义价值观主张同中国人民在长期生产生活中积累的宇宙观、天下观、社会观、道德观具有高度契合性，马克思主义基本原理同中华优秀传统文化的相结合，是对马克思主义基本原理同中华优秀传统文化关系认识的一次思想解放。习近平总书记指出："价值先进、思想解放，是一个社会活力的来源。"唯有思想解放了，才能锐意进取、大胆探索、勇于创新。正是在不断解放思想中，马克思主义中国化时代化不断取得新的重大理论成果，引领党和人民事业从胜利走向新的胜利。

"第二个结合"是百年大党经验结晶

中国共产党百年奋斗凝聚历史经验，形成三个历史决议。党的十九届六中全会指出：1945 年党的六届七中全会通过的《关于若干历史问题的决议》、1981 年党的十一届六中全会通过的《关于建国以来党的若干历史问题的决议》，实事求是总结党的重大历史事件和重要经验教训，在重大历史关头统一了全党思想和行动，对推进党和人民事业发挥了重要引领作用，其基本论述和结论至今仍然适用①。党的十九届六中全会通过的第三个历史决议《中共中央关于党的百年奋斗重大成就和历史经验的决议》指出："坚持把马克思主义基本原理同中国具体实际相结合、同中华优秀传统文化相结合。"② 这是中共中央全会决议正式将"两个结合"载入文件。习近平总书记在党的二十大报告中指出："坚持和发展马克思主义，必须同中华优秀传统文化相结合。只有植根本国、本民族历史文化沃土，马克思主义真理之树才能根深叶茂。中华优秀传统文化源远流长、博大精深，是中华文明的智慧结晶，其中蕴含的天下为公、民为邦本、为政以德、革故鼎新、任人唯贤、天人合一、自强不息、厚德载物、讲信修睦、亲仁善邻等，是中国人民在长期生产生活中积累的宇宙观、天下观、社会观、道德观的重要体现，同科学社会主义价值观主张具有高度契合性。"③

马克思主义和中华优秀传统文化来源不同，但彼此存在高度的契合性，相互契合才能有机结合。在宇宙观方面，马克思主义认为"我们连同我们的

---

① 《中共中央关于党的百年奋斗重大成就和历史经验的决议》，《人民日报》2021 年 11 月 17 日。
② 《中共中央关于党的百年奋斗重大成就和历史经验的决议》，《人民日报》2021 年 11 月 17 日。
③ 习近平：《高举中国特色社会主义伟大旗帜 为全面建设社会主义现代化国家而团结奋斗——在中国共产党第二十次全国代表大会上的报告》，《人民日报》2022 年 10 月 26 日。

肉、血和头脑都是属于自然界和存在于自然界之中的"，这与"中华文明历来崇尚天人合一、道法自然，追求人与自然和谐共生"高度契合。在天下观方面，马克思恩格斯在《共产党宣言》中主张"代替那存在着阶级和阶级对立的资产阶级旧社会的，将是这样一个联合体，在那里，每个人的自由发展是一切人的自由发展的条件"，这与"中华文明自古就以开放包容闻名于世，在同其他文明的交流互鉴中不断焕发新的生命力"高度契合。在社会观方面，马克思主义主张建立没有人剥削人、没有人压迫人的社会主义和共产主义社会，这与中华民族五千多年历史上代代相传的"天下大同""世界大同"理念具有高度契合性。在道德观方面，《共产党宣言》提出"每一个人的自由发展是其他一切人自由发展的前提条件""实现每个人自由而全面的发展"。中华文明认为"修身齐家治国平天下""人无德不立，品德是为人之本""道德当身，故不以物惑""勿以善小而不为，勿以恶小而为之""尽小者大，慎微者著""兼善天下""利济苍生"，这与马克思主义主张每个人都应得到自由而全面的发展高度契合。

正是马克思主义基本原理同中华优秀传统文化高度契合，使诞生在世界西方欧洲工业国家的马克思主义在世界东方的亚洲农业国家——中国找到了"知音"。"十月革命一声炮响，给我们送来了马克思列宁主义。"① 从此，中国人民找到了彻底推翻帝国主义和封建主义的有力思想武器。"中国人找到了马克思列宁主义这个放之四海而皆准的普遍真理，中国的面目就起了变化了。"② 马克思主义在古老的中华大地落地生根、枝繁叶茂，开花结果、硕果累累。无论过去、现在和将来，"我们必须坚定历史自信、文化自信，坚持古为今用、推陈出新，把马克思主义思想精髓同中华优秀传统文化精华贯通起来、同人民群众日用而不觉的共同价值观念融通起来，不断赋予科学理

---

① 《毛泽东选集》第 4 卷，人民出版社，1991 年，1471 页。
② 《毛泽东选集》第 4 卷，人民出版社，1991 年，1470 页。

论鲜明的中国特色，不断夯实马克思主义中国化时代化的历史基础和群众基础，让马克思主义在中国牢牢扎根"①。

中华优秀传统文化是中华民族的根

中华优秀传统文化是中国共产党创新理论的"根"，推进马克思主义中国化时代化的根本途径是"两个结合"。在世界四大文明古国中，有的历史中断了，有的历史消亡了，有的长期动荡不已，唯有中华民族五千多年长盛不衰，绵延不绝，既创造了光辉灿烂的古代文明，又创造了充满青春活力的现代文明。习近平总书记指出："中华民族在几千年历史中创造和延续的中华优秀传统文化，是中华民族的根和魂。"② 长期以来，习近平总书记十分重视弘扬和传承中华优秀传统文化。他明确指出："我们从哪里来？我们走向何方？中国到了今天，我无时无刻不提醒自己，要有这样一种历史感。"③

习近平总书记非常关注追溯、研究中华民族历史源头的"中华文明探源工程"和展示中华文明起源的标志性研究成果。2022 年 5 月，在中共中央政治局就深化中华文明探源工程进行第三十九次集体学习时，他深入阐述了深化"中华文明探源工程"的重要意义，强调"中华文明探源工程"成绩显著，但仍然任重而道远，必须继续推进、不断深化。他在中华文明发源地之一山西运城考察时强调，要深入实施"中华文明探源工程"，把中国文明历史研究引向深入。河南安阳殷墟遗址出土的甲骨文是古代中华文明的标志性成就，为中华民族保存了 3000 年前的文字，把中国信史时代向前推了约

---

① 习近平：《高举中国特色社会主义伟大旗帜 为全面建设社会主义现代化国家而团结奋斗——在中国共产党第二十次全国代表大会上的报告》，《人民日报》2022 年 10 月 26 日。
② 习近平：《在庆祝澳门回归祖国 15 周年大会暨澳门特别行政区第四届政府就职典礼上的讲话》，《人民日报》2014 年 12 月 21 日。
③ 杜尚泽：《阔步走在中华民族伟大复兴的历史征程上——记以习近平同志为总书记的党中央推进全方位外交的成功实践》，《人民日报》2016 年 1 月 5 日。

1000 年。党的二十大胜利闭幕后，习近平总书记来到河南安阳殷墟遗址考察。习近平总书记在考察时指出："殷墟我向往已久，这次来是想更深地学习理解中华文明，古为今用，为更好建设中华民族现代文明提供借鉴。"① 他还强调，中国的汉文字非常了不起，中华民族的形成和发展离不开汉文字的维系。在这方面，考古事业居功至伟。考古工作要继续重视和加强，继续深化"中华文明探源工程"。中华文明源远流长，从未中断，塑造了我们伟大的民族，这个民族还会伟大下去的。要通过文物发掘、研究保护工作，更好地传承优秀传统文化②。

在繁忙的调研工作中，习近平总书记重视中华文化的足迹遍及全国各地。2021 年春天，习近平总书记在福建调研期间专程来到九曲溪畔的朱熹园考察。习近平总书记说："我到山东考察时专门去看了孔府孔庙，到武夷山也专门来看一看朱熹园。"2022 年 4 月 25 日，习近平总书记来到藏书 410 余万册的中国人民大学图书馆，听取加强文献古籍保护利用、促进理论研究成果转化应用等情况介绍。习近平总书记指出，人民大学馆藏红色文献，鉴证了我们党创办正规高等教育的艰辛历程，是十分宝贵的红色记忆。习近平总书记与师生代表座谈时强调，要坚持把马克思主义基本原理同中国具体实际相结合、同中华优秀传统文化相结合，立足中华民族伟大复兴战略全局和世界百年未有之大变局，不断推进马克思主义中国化时代化③。

① 《习近平在陕西延安和河南安阳考察时强调 全面推进乡村振兴 为实现农业农村现代化而不懈奋斗 丁薛祥陪同考察》，《人民日报》2022 年 10 月 29 日。
② 《习近平在陕西延安和河南安阳考察时强调 全面推进乡村振兴 为实现农业农村现代化而不懈奋斗 丁薛祥陪同考察》，《人民日报》2022 年 10 月 29 日。
③ 《习近平在中国人民大学考察时强调 坚持党的领导传承红色基因扎根中国大地 走出一条建设中国特色世界一流大学新路 王沪宁陪同考察》，《人民日报》2022 年 4 月 26 日。

推进马克思主义中国化时代化决不能抛弃马克思主义这个魂脉和中华优秀传统文化这个根脉

中国共产党成立之日起便以马克思主义作为指导思想。从此，马克思主义成为中国共产党人的魂脉，中华优秀传统文化成为中国共产党人的根脉。2023 年 6 月 30 日，习近平总书记强调，马克思主义中国化时代化这个重大命题本身就决定，我们决不能抛弃马克思主义这个魂脉，决不能抛弃中华优秀传统文化这个根脉 [①]。有了马克思主义作为中国共产党人的魂脉，中国革命在历经旧民主主义革命无数次抗争与失败之后，终于进入新民主主义革命的"高速铁路"，一往无前，走向胜利；有了中华优秀传统文化作为中国共产党人的根脉，起源于西方的马克思主义在东方大国找到了落地生根的肥沃土壤，搏风击浪，茁壮生长。

正是马克思主义魂脉与中华优秀传统文化根脉的高度契合，造就了中国革命、建设和改革生机勃勃向前发展的历史性机缘。如果丢掉马克思主义，中国革命、建设和改革就会失去魂脉，失去精神动力，失去前进方向，失去指导思想。如果丢掉中华优秀传统文化，马克思主义理论创新和实践创新就会成为无源之水，无本之木，就会失去存在的深厚基础，失去滋养的丰厚源泉。对中国共产党人来说，马克思主义魂脉和中华优秀传统文化根脉，犹如鸟之双翼、车之双轮，相辅相成，缺一不可。习近平总书记指出，坚守好这个魂和根，是理论创新的基础和前提。理论创新必须讲新话，但不能丢了老祖宗，数典忘祖就等于割断了魂脉和根脉，最终会犯颠覆性错误。我们必须坚持马克思主义这个立党立国、兴党兴国之本不动摇，坚持植根本国、本民

[①] 《习近平在中共中央政治局第六次集体学习时强调 不断深化对党的理论创新的规律性认识 在新时代新征程上取得更为丰硕的理论创新成果》，《人民日报》2023 年 7 月 2 日。

族历史文化沃土发展马克思主义不停步，坚定历史自信、文化自信，坚持古为今用、推陈出新①。

当代中国马克思主义中国化时代化的任务，就是以马克思主义"魂脉"为指导，对中华五千多年文明宝库进行全面挖掘，用马克思主义"魂脉"激活中华优秀传统文化"根脉"中富有生命力的优秀因子并赋予新的时代内涵，将中华民族的伟大精神和丰富智慧更深层次地注入马克思主义，更好地把马克思主义思想精髓同中华优秀传统文化精华贯通起来，聚变为马克思主义中国化时代化的最新成果，使当代中国马克思主义永葆其蓬勃发展的旺盛活力。

---

① 《习近平在中共中央政治局第六次集体学习时强调 不断深化对党的理论创新的规律性认识 在新时代新征程上取得更为丰硕的理论创新成果》，《人民日报》2023 年 7 月 2 日。

新民主主义革命时期，马克思主义基本原理与中华优秀传统文化

让马克思主义在中国牢牢扎根，仅仅与中国具体实际相结合是不够的，还必须有深厚的文化根基和群众基础，即"同中华优秀传统文化相结合"。习近平总书记指出："'结合'的前提是彼此契合。马克思主义和中华优秀传统文化来源不同，但彼此存在高度的契合性。相互契合才能有机结合。"马克思主义传入中国后，科学社会主义的主张受到中国人民热烈欢迎，并最终扎根中国大地、开花结果，绝不是偶然的，而在于其同我国传承了几千年的优秀历史文化和广大人民日用而不觉的价值观念是相融通的。

在推进马克思主义中国化进程中，我们党逐步认识到弘扬中华优秀传统文化的重要性。毛泽东同志指出："今天的中国是历史的中国的一个发展。我们是马克思主义的历史主义者，我们不应当割断历史。从孔夫子到孙中山，我们应当给以总结，承继这一份珍贵的遗产。"

在新民主主义革命时期，以毛泽东同志为主要代表的中国共产党人，将马克思主义基本原理同中国具体实际相结合，同时，从中华优秀传统文化中汲取营养与智慧，并对中华优秀传统文化进行创新性发展，创造性提出"解放思想，实事求是"的思想路线、"惩前毖后，治病救人"的整风运动方针等。

一

遍读中华优秀传统文化典籍

中华优秀传统文化典籍蕴含着丰富的哲学思想、人文精神、价值理念、道德规范等。阅读中华优秀传统文化典籍，贯穿毛泽东从少年时代到晚年的读书生活。毛泽东活学活用中华优秀传统文化，在《毛泽东选集》四卷中有大量毛泽东引用中华优秀传统文化书籍和成语、典故、金句、故事、人物等具体范例。

私塾是古代社会家庭、宗族或教师自己设立的教学处所，大多数人家的孩子会被送到私塾里接受启蒙教育。毛泽东少年时代读过多个私塾，从不同的私塾老师那里汲取了中华优秀传统文化的多种历史文化营养。其中，塾师毛麓钟独具慧眼，经常向他灌输立志成才、报效国家的道理，并悉心讲授《资治通鉴》《贞观政要》等"治乱兴衰之书"的基本知识，使他逐步认识到"国家兴亡、匹夫有责"的道理。

毛泽东从青年时代起"不动笔墨不读书"，读书时要一边阅读一边批注，而且"书不读秦汉以下"。他认为，秦朝以前，百花齐放，百家争鸣，中华传统文化经典著作皆为原创性著作。秦始皇"焚书坑儒"，汉武帝"罢黜百家，独尊儒术"，中华传统文化在秦始皇、汉武帝时期遭到重创；秦汉以后的经典著作历经了重新搜集、后人整理的过程，在一定程度上降低了可信度和史料价值，失去了原创性，因此他认为读书要读秦汉以前的原创性古代典籍。从

《论语》《大学》《孟子》《中庸》到《诗经》《尚书》《周易》《春秋》再到《二十四史》《资治通鉴》等，毛泽东阅读过几乎所有中华传统文化的经典著作。他好学深思，孜孜不倦，曾经17遍通读多卷本皇皇巨著《资治通鉴》就是一个典型的例子。

中华优秀传统文化滋润了毛泽东的心智，开阔了毛泽东的视野，为毛泽东成为经邦济世之才奠定深厚的历史文化基础、积淀丰富的历史智慧。毛泽东正是因为有这种深厚的传统文化基础和气吞山河的雄伟胆略，才写下了名句："惜秦皇汉武，略输文采；唐宗宋祖，稍逊风骚。一代天骄，成吉思汗，只识弯弓射大雕。俱往矣，数风流人物，还看今朝。"

二

中华传统文化有精华也有糟粕

马克思主义辩证法对事物的肯定理解中同时包含对现存事物的否定的理解。毛泽东对中华传统文化的看法蕴含着马克思主义辩证法原理。

中国人民抗日战争时期，中共中央专门邀请著名历史学家范文澜等人到延安，编写马克思主义史学著作和教材，并撰写历史、哲学等方面的文章，以提供给各级干部学习。

毛泽东指出："我们这个民族有数千年的历史，有它的特点，有它的许多珍贵品。对于这些，我们还是小学生。今天的中国是历史的中国的一个发展；我们是马克思主义的历史主义者，我们不应当割断历史。从孔夫子到孙中山，我们都应当给以总结，承继这一份珍贵的遗产。这对于指导当前的伟大的运动，是有重要的帮助的。"①

同时，毛泽东清楚地看到，在中华传统文化中，既有封建性的糟粕，也有民主性和革命性的精华。对待中华传统文化的原则，应当是取其精华，去其糟粕。毛泽东对此作了精辟论述："中国的长期封建社会中，创造了灿烂的古代文化。清理古代文化的发展过程，剔除其封建性的糟粕，吸收其民主性的精华，是发展民族新文化提高民族自信心的必要条件；但是决不能无批判

---

① 《毛泽东选集》第 2 卷，人民出版社，1991 年，第 533—534 页。

地兼收并蓄。必须将古代封建统治阶级的一切腐朽的东西和古代优秀的人民文化即多少带有民主性和革命性的东西区别开来。中国现时的新政治新经济是从古代的旧政治旧经济发展而来的，中国现时的新文化也是从古代的旧文化发展而来的，因此，我们必须尊重自己的历史，决不能割断历史。但是这种尊重，是给历史以一定的科学的地位，是尊重历史的辩证法的发展，而不是颂古非今，不是赞扬任何封建的毒素。对于人民群众和青年学生，主要地不是要引导他们向后看，而是要引导他们向前看。"① 毛泽东的这一论述是用马克思主义基本原理分析中华传统文化的典范。

---

① 《毛泽东选集》第2卷，人民出版社，1991年，第707—708页。

三

以解放思想、实事求是凝练党的思想路线

实事求是，出自中国古代典籍《汉书》中的"修学好古，实事求是"。毛泽东古为今用，点石成金，在《改造我们的学习》中指出："实事"就是客观存在着的一切事物；"是"就是客观事物的内部联系，即规律性；"求"就是我们去研究。① 毛泽东认为，"是"就是事物的规律；"求是"就是认真追求、研究事物的发展规律，找出事物的内部联系，作为我们行动的向导。毛泽东指出，学习马克思主义要"有的放矢"："的"就是中国革命，"矢"就是马克思列宁主义。我们中国共产党人所以要找这根"矢"，就是为了要射中国革命和东方革命这个"的"。这种态度，就是"实事求是"的态度。② "这种态度，有实事求是之意，无哗众取宠之心。这种态度，就是党性的表现，就是理论和实践统一的马克思列宁主义的作风"。③ 因此，从延安整风起，实事求是成为中国共产党的思想路线，指引着中国革命从胜利走向胜利，建立了中华人民共和国。

1978 年，党的十一届三中全会标志着中国共产党实现社会主义时期伟大转折。会前，邓小平在中央工作会议上作《解放思想，实事求是，团结一致向前看》的重要讲话。他指出："一个党，一个国家，一个民族，如果一

---

① 《毛泽东选集》第 3 卷，人民出版社，1991 年，第 801 页。
② 《毛泽东选集》第 3 卷，人民出版社，1991 年，第 801 页。
③ 《毛泽东选集》第 3 卷，人民出版社，1991 年，第 801 页。

切从本本出发，思想僵化，迷信盛行，那它就不能前进，它的生机就停止了，就要亡党亡国。……只有解放思想，坚持实事求是，一切从实际出发，理论联系实际，我们的社会主义现代化建设才能顺利进行，我们党的马列主义、毛泽东思想的理论也才能顺利发展。"[1] 他还认为："实事求是，是无产阶级世界观的基础，是马克思主义的思想基础。过去我们搞革命所取得的一切胜利，是靠实事求是；现在我们要实现四个现代化，同样要靠实事求是。"[2]

在党的十一届五中全会上，邓小平强调："实事求是，一切从实际出发，理论联系实际，坚持实践是检验真理的标准，这就是我们党的思想路线。"[3]

党的十二大起，《中国共产党章程》明确规定，要坚持解放思想，实事求是，与时俱进，求真务实："党的思想路线是一切从实际出发，理论联系实际，实事求是，在实践中检验真理和发展真理。"全党必须依据这条思想路线，科学地总结历史经验，调查研究现实情况，解决新问题。

历史已经证明，在改革开放和社会主义现代化建设新时期，中国共产党始终不渝地坚持实事求是思想路线，实事求是地研究和解决国内外一系列重大问题，开辟了中国特色社会主义道路，实现了中华民族史无前例的伟大腾飞。

① 《邓小平文选》第2卷，人民出版社，1994年，第143页。
② 《邓小平文选》第2卷，人民出版社，1994年，第143页。
③ 《邓小平文选》第2卷，人民出版社，1994年，第278页。

四

以德才兼备概括党的干部政策

"德才兼备"原为"才德兼备",最早出自元代《娶小乔》第一折:"江东有一故友,乃鲁子敬,此人才德兼备。""才德兼备"指一个人既有才干和能力,又具备优秀的道德品质。

中国古代高度重视用人的"德才兼备"问题。周朝推翻商朝统治后,通过总结商朝灭亡的教训,在《尚书》中强调,"皇天无亲,惟德是辅",其义是说苍天公正无私,总是帮助品德高尚的人。春秋战国时期,孔子说:"为政以德,譬如北辰,居其所而众星共之。"《大学》中有言道:"大学之道,在明明德,在亲民,在止于至善。"唐朝魏徵建议:"今欲求人,必须审防其行,若知其善,然后用之。"清朝康熙说:"国家用人,当以德器为本,才艺为末。""才德难以兼备时,以立品为主,学问次之。"这些言论强调的就是用人须注重德才兼备、以德为先的道理。

中国人民抗日战争时期,毛泽东在党的六届六中全会报告中,赋予"才德兼备"以崭新的时代内涵。毛泽东指出:"中国共产党是在一个几万万人的大民族中领导伟大革命斗争的党,没有多数才德兼备的领导干部,是不能完成其历史任务的。十七年来,我们党已经培养了不少的领导人材,军事、政治、文化、党务、民运各方面,都有了我们的骨干,这是党的光荣,也是全民族的光荣。但是,现有的骨干还不足以支撑斗争的大厦,还须广大地培养人材。在中国人民的伟大的斗争中，已经涌出并正在继续涌出很多的积极分子，我们的责任，就在于组织他们，培养他们，爱护他们，并善于使用他们。政治路线确定之后，干部就是决定的因素。因此，有计划地培养大批的新干部，就是我们的战斗任务。"① 随后，中国共产党将"才德兼备"改为"德才兼备"，更加重视更加强调"德"的重要性。

中国改革开放和社会主义现代化建设新时期初始阶段，需要大批能够打开改革开放新局面的领导干部。为此，邓小平多次强调，提拔干部、使用干部，要坚持德才兼备，不能重德轻才，也不能重才轻德。

党的十七大提出："坚持正确的用人导向，按照德才兼备、注重实绩、群众公认原则选拔干部，提高选人用人公信度。"②

2011 年 12 月 18 日，习近平在全国组织部长会议上强调：要坚持德才兼备、以德为先用人标准，坚持五湖四海、任人唯贤，切实把政治坚定、实绩突出、作风过硬、群众公认的干部选拔上来。特别要注意选拔那些原则性强、对群众感情深、一身正气、敢抓善管和工作中有思路、有激情、有韧劲、贡献大的干部，进一步树立正确用人导向。③

习近平指出，对干部德的考察，要坚持把个人述职、民主测评、个别谈话、民意调查、实绩分析和年度考核、巡视监督、关键时刻考验等多方面多渠道的考察有机结合起来，全面、历史、辩证地评价干部的德。考察干部的才，要注重考察推动科学发展、促进社会和谐的能力，防止简单地把经济总

---

① 《毛泽东选集》第 2 卷，人民出版社，1991 年，第 526 页。
② 胡锦涛：《高举中国特色社会主义伟大旗帜 为夺取全面建设小康社会新胜利而奋斗——在中国共产党第十七次全国代表大会上的报告》，《人民日报》2007 年 10 月 25 日。
③ 盛若蔚、李章军：《习近平在全国组织部长会议上强调 把党的建设和组织工作做得更实更好 以优异成绩迎接党的十八大胜利召开》，《人民日报》2011 年 12 月 19 日。

量、发展速度等作为评价干部政绩的主要依据。①

　　《中国共产党章程》明确规定：党的干部是党的事业的骨干，是人民的公仆。党按照德才兼备、以德为先的原则选拔干部，坚持五湖四海、任人唯贤，反对任人唯亲，努力实现干部队伍的革命化、年轻化、知识化、专业化。

---

　　① 盛若蔚、李章军：《习近平在全国组织部长会议上强调　把党的建设和组织工作做得更实更好　以优异成绩迎接党的十八大胜利召开》，《人民日报》2011 年 12 月 19 日。

五

以惩前毖后、治病救人阐述整风运动方针

　　"惩前毖后"出自中国古代第一部诗歌总集《诗经·周颂·小毖》的"予其惩而毖后患"。惩为警戒，毖指谨慎，寓意为批判以前所犯的错误，吸取教训，使以后较为谨慎，不致再犯。

　　"治病救人"出自晋代葛洪的《神仙传》，中曰：

　　沈羲，吴郡人，学道于蜀，能治病救人，甚有恩德。

　　在抗日战争时期开展全党整风运动中，毛泽东提出整风运动的方针是"惩前毖后，治病救人"。这种方针与苏联共产党为解决党内矛盾而进行一次又一次的"肃反"，用对待敌人的"肃反"的方式来对待党内具有不同意见的同志而造成极大的恶果有根本性的不同。

　　毛泽东指出，我们反对主观主义、宗派主义、党八股，有两条宗旨是必须注意的：第一是"惩前毖后"，第二是"治病救人"。对以前的错误一定要揭发，不讲情面，要以科学的态度来分析批判过去的坏东西，以便使后来的工作慎重些，做得好些。这就是"惩前毖后"的意思。但是我们揭发错误、批判缺点的目的，好像医生治病一样，完全是为了救人，而不是为了把人整死。一个人发了阑尾炎，医生把阑尾割了，这个人就救出来了。任何犯错误

的人，只要他不讳疾忌医，不固执错误，以至于达到不可救药的地步，而是老老实实，真正愿意医治，愿意改正，我们就要欢迎他，把他的毛病治好，使他变为一个好同志。这个工作决不是痛快一时，乱打一顿，所能奏效的。对待思想上的毛病和政治上的毛病，决不能采用鲁莽的态度，必须采用"治病救人"的态度，才是正确有效的方法。①

用"惩前毖后、治病救人"的方针解决党内矛盾是毛泽东总结历次党内斗争经验教训后，制定的整风运动的正确方针。它与"左"倾教条主义统治中央时提出的"残酷斗争""无情打击"具有本质的区别。根据这个方针，中央规定了领导整风运动的方法，就是组织党员干部学习整风文献，联系党内实际，开展批评与自我批评，检查自己思想上、工作上、作风上的错误，分析产生错误的根源，找出改正错误的方法，最后达到既要弄清思想又要团结同志这样两个目的。

1943 年冬，整风运动发展到最后阶段，总结党的历史经验。通过召开各种类型的党的历史经验座谈会，对土地革命战争时期各个革命根据地的历史经验和教训进行回顾和研究，党的高级干部重新开始了党史的学习讨论，对党的历史上的各次"左"倾、右倾错误，特别是"左"倾教条主义错误进行了批评，进一步分清了路线是非。

1944 年 4 月 12 日，毛泽东在延安高级干部会议上作《学习和时局》的报告，传达中央政治局对党的高级干部学习党史中的几个重要问题所作的结论。他说："对于任何问题应取分析态度，不要否定一切。例如，对于四中全会至遵义会议时期中央的领导路线问题，应作两方面的分析：一方面，应指出那个时期中央领导机关所采取的政治策略、军事策略和干部政策在其主要方面都是错误的；另一方面，应指出当时犯错误的同志在反对蒋介石、主

① 《毛泽东选集》第 3 卷，人民出版社，1991 年，第 827—828 页。

张土地革命和红军斗争这些基本问题上面，和我们之间是没有争论的。即在策略方面也要进行分析。例如在土地问题上，当时的错误是实行了地主不分田、富农分坏田的过左政策，但在没收地主土地分给无地和少地的农民这一点上，则是和我们一致的。"[①] 毛泽东的报告还对党的六大文件的讨论问题、党内历史上的宗派问题等作了实事求是的结论。

1945 年 4 月，党的六届七中全会通过《关于若干历史问题的决议》，系统总结建党以来的经验教训，对若干重大历史问题作出评价，对党内历次"左"倾、右倾错误，特别是土地革命战争时期的"左"倾教条主义错误，作了全面的实事求是的结论；高度评价毛泽东坚持把马克思主义基本原理与中国革命的具体实际相结合的贡献，使全党达到完全统一。

1981 年 6 月，党的十一届六中全会通过的《关于建国以来党的若干历史问题的决议》中指出：毛泽东针对历史上党内斗争中存在过的"残酷斗争、无情打击"的"左"倾错误，提出"惩前毖后、治病救人"的正确方针，强调在党内斗争中要达到既弄清思想又团结同志的目的。他创造了在全党通过批评与自我批评进行马克思列宁主义思想教育的整风形式。

---

① 《毛泽东选集》第 3 卷，人民出版社，1991 年，第 938—939 页。

六

从中华优秀传统文化中汲取军事智慧

中华优秀传统文化中有很多经典战例与战略战术，蕴含着较高的历史智慧与军事思想。毛泽东出身农家，少年时代读私塾，青年时代毕业于湖南第一师范学校，曾任该校附属小学主事（校长），除了辛亥革命后在湖南新军当过半年士兵以外，没有任何军事经验。但是，毛泽东饱读中华传统文化经典著作，深得其精髓所在。

根据考证，毛泽东少年时代读私塾时，私塾老师曾给他讲过《孙子兵法》的基本知识。青年毛泽东在湖南第一师范学校读书期间，国文课教师曾向毛泽东和学生们详细讲授过魏源撰写的《孙子集注序》。《毛泽东早期文稿》收录的青年毛泽东当年听课笔记和读书札记《讲堂录》中，写有他研读《孙子兵法》的感悟与体会："百战百胜，非善之善者也；不战而屈人之兵，善之善者也。故善用兵者，无智名，无勇功。"

毛泽东熟读《二十四史》等中国古籍，熟悉中国古代著名战役战斗战例。他在《中国革命战争的战略问题》中写道："楚汉成皋之战、新汉昆阳之战、袁曹官渡之战、吴魏赤壁之战、吴蜀彝陵之战、秦晋淝水之战等等有名的大战，都是双方强弱不同，弱者先让一步，后发制人，因而战胜的。"[①] 毛泽东

---

① 《毛泽东选集》第1卷，人民出版社，1991年，第204页。

从中华优秀传统文化中汲取丰富的历史营养和军事智慧，创造性灵活运用于中国革命战争实践。

井冈山上，毛泽东与朱德等集中集体智慧，创造"游击战争十六字诀"。对此，毛泽东在《中国革命战争的战略问题》中写道："我们的战争是从一九二七年秋天开始的，当时根本没有经验。南昌起义、广州起义是失败了，秋收起义在湘鄂赣边界地区的部队，也打了几个败仗，转移到湘赣边界的井冈山地区。第二年四月，南昌起义失败后保存的部队，经过湘南也转到了井冈山。然而从一九二八年五月开始，适应当时情况的带着朴素性质的游击战争基本原则，已经产生出来了，那就是所谓'敌进我退，敌驻我扰，敌疲我打，敌退我追'的十六字诀。"①

在开创以瑞金为中心的中央革命根据地过程中，1929年4月5日，毛泽东在《前委致中央的信》中写道："我们三年来从斗争中所得的战术，真是和古今中外的战术都不同。用我们的战术，群众斗争的发动是一天比一天扩大的，任何强大的敌人是奈何我们不得的。我们的战术就是游击的战术。大要说来是：'分兵以发动群众，集中以应付敌人。''敌进我退，敌驻我扰，敌疲我打，敌退我追。''固定区域的割据，用波浪式的推进政策，强敌跟踪，用盘旋式的打圈子政策。''很短的时间，很好的方法，发动很大的群众。'这种战术正如打网，要随时打开，又要随时收拢。打开以争取群众，收拢以应付敌人。三年以来，都是用的这种战术。"② 这是毛泽东在历史文献中第一次完整地阐述"游击战争十六字诀"。1930年12月，红一方面军召开反对国民党军队第一次"围剿"动员大会，毛泽东写了一副对联：

敌进我退，敌驻我扰，敌疲我打，敌退我追，游击战里操胜算；

---

① 《毛泽东选集》第1卷，人民出版社，1991年，第204页。
② 《毛泽东选集》第1卷，人民出版社，1991年，第103—104页。

大步进退，诱敌深入，集中兵力，各个击破，运动战里歼敌人。

长征到达陕北后，毛泽东根据马克思主义军事学说，结合自己指挥中国革命战争的丰富实践经验，精心研究《孙子兵法》和古今中外的军事名著，撰写了《中国革命战争的战略问题》《抗日游击战争的战略问题》《论持久战》等著作。他在《中国革命战争的战略问题》中，结合中国革命战争的经验与教训，系统评述中国古代大量著名战例的成败得失，用以教育红军大学和中国人民抗日军事政治大学（抗大）的学员。当时的抗大校长对此印象特别深刻，在东北解放战争时期，将《中国革命战争的战略问题》随身携带，反复阅读，精心研究，称之为"毛泽东战略学"，要求东北野战军高级干部认真学习，悉心体会，用以指挥作战。

中国古代军事思想家孙子曰：

兵者，诡道也。故能而示之不能，用而示之不用，近而示之远，远而示之近。利而诱之，乱而取之，实而备之，强而避之，怒而挠之，卑而骄之，佚而劳之，亲而离之。攻其无备，出其不意。此兵家之胜，不可先传也。

孙子这段话的大意是：指挥战争要通过谋略克敌制胜。因而，"能"要显示"不能"，"用兵"要让对方看成"不用兵"，"近"要让对方看成"远"，"远"要让对方看成"近"。对方若贪图小利，就以利益去诱惑它；对方若混乱，就去袭击它；对方若力量充实，就要防备它；对方若兵强马壮，就避开它；对方若气势汹汹，就要使其士气衰落；对方若谨小慎微，就要使之骄傲起来；对方若休整充分，就要使其疲惫不堪；对方若亲密无间，就要离间它。要攻击对方没有防备的地方，要在对方意料不到之时发起突然进攻。从中不难看出，毛泽东与战友们精心总结、创造、提炼的"游击战争十六字诀"与《孙子兵法》之间具有历史传承和创新发展的关系。

中国古代著作《智囊》中论述唐太宗用兵之道：

> 唐太宗尝言，自少经略四方，颇知用兵之要。每观敌阵，则知其强弱，常以吾弱当其强，强当其弱。彼乘吾弱，奔逐不过数百步；吾乘其弱，必出其阵后反而击之，无不溃败。盖用孙子之术也。

毛泽东读后，结合指挥中国革命战争战役战斗的实践经验进行批注：所谓以弱当强，就是以少数兵力，佯攻敌诸路大军；所谓以强当弱，就是集中绝对优势兵力，以五六倍于敌一路之兵力，四面包围，聚而歼之。①

由此可见，毛泽东在中国人民解放战争时期制定的"十大军事原则"中的"集中优势兵力，各个歼灭敌人"②，与总结、汲取唐太宗李世民的用兵之道，具有一定的历史联系。

毛泽东还在一些中国古代著名战例上批注："攻魏救赵，因败魏军，千古高手"；"胡柳陂正面突破不成，乃从东向南打大迂回，乘虚而入，卒以成功"；"契丹善用诱敌深入战法，让敌人多占地方，然后待机灭敌"；等等。③毛泽东为人民军队制定的一系列战略战术，与中华优秀传统文化具有内在的逻辑联系，并在指挥革命战争实践中不断升华。毛泽东从中华优秀传统文化中汲取大量历史智慧、军事智慧和政治智慧，在战争中学习战争，成为伟大的军事家和战略家。

---

① 《毛泽东与中华优秀传统文化》，《解放军理论学习》2017年第5期。
② 《毛泽东选集》第4卷，人民出版社，1991年，第1197页。
③ 《毛泽东与中华优秀传统文化》，《解放军理论学习》2017年第5期。

逐鹿中原，开辟中原战场

黄河中下游的中原地区是中华民族的重要发祥地，西连西北地区、北接华北地区、东通华东地区、南达华南地区，属于中华民族的中心地区，战略地位非常重要。中国历代兵家认为"自古逐鹿在中原""得中原者得天下"。古往今来，黄帝蚩尤之战，武王伐纣，周公经营洛阳，春秋诸侯争霸，战国群雄逐鹿，楚汉相争，刘秀兴汉，瓦岗军起义，陈桥兵变，李自成跃马中原，蒋介石、冯玉祥、阎锡山中原大战等发生在中原地区，中原地区都是主要战场。

中国人民抗日战争初期，中共中央决定建立中原局，以刘少奇为书记，"发展华中""经略中原"，奠定逐鹿中原的重要基础。

1947年夏天，根据中共中央和毛泽东的战略部署，中国人民解放军晋冀鲁豫野战军（亦称刘邓大军、刘邓野战军，后来改名中原野战军、第二野战军）强渡黄河，发起鲁西南战役。

邓小平回忆道："首先过黄河，一下消灭敌人四个师部、九个半旅，旗开得胜，那气势是很了不起的。过黄河实际上就是开始反攻。"[1]"毛主席打了个极秘密的电报给刘邓，写的是陕北'甚为困难'。当时我们二话没说，立即复电，半个月后行动，跃进到敌人后方去，直出大别山。"[2]

晋冀鲁豫野战军千里跃进大别山，挺进中原，逐鹿中原，开辟中原战场。

中国人民解放军这一战略行动，恰似一把利剑插进国民党统治区的腹部，它同中国人民解放军在东北、华北、西北、华东等战略区的反攻和进攻相配合，形成中国人民解放军对国民党军队的全国规模的巨大攻势，揭开中国人民解放战争战略进攻序幕。

---

① 《邓小平文选》第3卷，人民出版社，1993年，第339页。
② 《邓小平文选》第3卷，人民出版社，1993年，第339页。

从此，中国人民解放军由内线作战转为外线作战，由战略防御转入战略进攻，一举扭转整个战争形势，为夺取中国革命胜利创造极为有利的条件。

根据中国革命和解放战争发展需要，1948 年 2 月初，毛泽东为中共中央军委起草致刘伯承、邓小平的电报，指示刘邓野战军指挥所从大别山移至淮河、陇海、沙河、伏牛山之间，指挥刘邓三个纵队，陈士榘、唐亮四个纵队，陈赓、谢富治一个半纵队，共八个半纵队，在"淮河、汉水、陇海、津浦之间集中，机动打中等的及大的歼灭战"。① 他指出，这样部署，可将敌主力吸引至淮河、汉水以北，利于粟裕部机动，利于大别山、江汉等地放手发展，还因为北面有巩固的后方可为依托利于打歼灭战。②

中国人民解放军发起战略进攻，将战线从黄河流域推进到长江流域，犹如一把尖刀插入国民党统治的腹心地区，威慑京汉铁路、陇海铁路和津浦铁路，兵临长江，威逼武汉，震慑南京和江南，在黄河以南、长江以北，秦岭以东、大海以西，开辟了辽阔的中原解放区。

从 1948 年春天开始，中国人民解放军在中原战场相继发起洛阳战役、宛西战役、宛东战役、襄樊战役、开封战役、江汉战役、郑州战役等，粉碎国民党中原防御体系，奠定中原战场战略决战胜利和渡江战役胜利的坚实基础。

气势磅礴，写就《中原我军占领南阳》

无论是战争年代还是和平时期，毛泽东每到一地，都要阅读当地的县志、府志、省志等地方志书，对各地历史文化了如指掌，了然于胸，信手拈来，

---

① 中共中央文献研究室：《毛泽东年谱（1893—1949）》下卷，人民出版社、中央文献出版社，1993 年，第 278 页。
② 中共中央文献研究室：《毛泽东年谱（1893—1949）》下卷，人民出版社、中央文献出版社，1993 年，第 278 页。

皆成文章。

1948 年 11 月，中国人民解放军在中原战场赢得宛西战役、宛东战役和襄樊战役胜利后，豫西南重镇南阳成为孤城，国民党南阳驻军王凌云率部仓皇南逃，南阳不战而克，获得解放。

毛泽东获悉中国人民解放军在中原战场解放历史名城南阳，欣喜异常。面对捷报飞来，毛泽东文思如潮，欣然命笔，写下名篇《中原我军占领南阳》全篇一气呵成，文笔优美，是中外新闻史上罕见的杰作。他开篇即言：

在人民解放军伟大的胜利的攻势下，南阳守敌王凌云于四日下午弃城南逃，我军当即占领南阳。

然后，他笔锋一转，阐发南阳的历史文化：

南阳为古宛县，三国时曹操与张绣曾于此城发生争夺战。后汉光武帝刘秀，曾于此地起兵，发动反对王莽王朝的战争，创立了后汉王朝。民间所传二十八宿，即刘秀的二十八个主要干部，多是出生于南阳一带。

接下来，回顾蒋介石弃南阳、一年来南线人民解放军取得伟大胜利，又纵论全局，预言南阳逃敌王凌云的黑暗前途。

在过去一年中，蒋介石极重视南阳，曾于此设立所谓"绥靖区"，以王凌云为司令官，企图阻遏人民解放军向南发展的道路。上月，白崇禧使用黄维兵团三个军的力量，经营整月，企图打通信阳、南阳间的运输道路，始终未能达到目的。最近蒋军因全局败坏，被迫将整个南部战线近百个师的兵力，集中于以徐州为中心和以汉口为中心的两个地区，两星期前已放弃开封，现又放弃南阳。从此，河南全境，除豫北之新乡、安阳，豫西之灵宝、阌乡，豫南之确山、信阳、潢川、光山、商城、固始等地尚有残敌外，已全部为我解放（河南全省共有111座城市，我已占101座，敌仅余10座——作者注）。去年七月，南线人民解放军开始向敌后实行英勇的进军以来，一年多时间内，除歼灭了大量的国民党正规部队以外，最大的成绩，就是在大别山区（鄂豫区）、皖西区、豫西区、陕南区、桐柏区、江汉区、江淮区（即皖东一带）恢复和建立了稳固的根据地，创立了七个军区，并极大地扩大了豫皖苏军区老根据地。除江淮军区属于苏北军区管辖外，其余各军区，统属于中原军区管辖。豫皖苏区、豫西区、陕南区、桐柏区现已联成一片，没有敌人的阻隔。这四个军区并已和华北联成一片。我武装力量，除补上野战军和地方军一年多激烈战争的消耗以外，还增加了大约二十万人左右，今后当有更大的发展。白崇禧经常说："不怕共产党凶，只怕共产党生根。"他是怕对了。我们在所有江淮河汉区域，不仅是树木，而且是森林了。不仅生了根，而且枝叶茂盛了。在去年下半年的一个极短时间内，我们在这一区域曾经过早地执行分配土地的政策，犯了一些策略上的"左"的错误。但是随即纠正了，普遍地利用了抗日时期的经验，执行了减租减息的社会政策和各阶层合理负担的财政政策。这样，就将一切可能联合或中立的社会阶层，均联合或中立起来，集中力量反对国民党反动统治势力及乡村中为最广大群众所痛恨的少数恶霸分子。这一策略，是明显地成功了，敌人已经完全孤立起来。在我强大的野战军和地方军配合打击之下，困守各个孤立据点内的敌人，如像开封、南阳等处，不得不被迫弃城逃窜。南阳守敌王凌云统率的军队是第二军、第六十四军以及一些民团，现向襄阳逃窜。襄阳也是国民党的一个所谓"绥靖区"，第一任司令官康泽被俘后，接手的是从新疆调来的宋希濂。最近宋希濂升任了徐州的副总司令兼前线指挥所主任，去代替原任的杜聿明。杜聿明则刚从徐州飞到东北，一战惨败，又逃到了葫芦岛。王凌云到襄阳，大概是接替宋希濂当司令官。但是从南阳到襄阳，并没有走得多远，襄阳还是一个孤立据点，王凌云如不再逃，康泽的命运是在等着他的。①

《中原我军占领南阳》全文包括五个层次：第一层（导语）概述中原我军解放南阳，指出敌人弃城而逃的背景和时间；第二层为背景资料，通过阐发南阳的历史文化，说明南阳重要的战略地位；第三层回顾蒋介石从重视到放弃南阳的变化，指出蒋军全局溃败的背景；第四层从河南基本解放进而回顾一年来南线人民解放军取得的伟大胜利；第五层预言南阳逃敌王凌云前途黑暗。

毛泽东撰写的《中原我军占领南阳》，将中华传统文化与革命战争形势融为一体，阐述人民解放战争必然胜利的大好形势，堪称政治名篇、军事名篇和新闻名篇，因融入厚重的历史文化而增加了夺目的光彩。胡乔木曾评价说，像《中原我军占领南阳》，在古今中外的新闻史上也没有第二篇。这篇文章，写得很有气派，很精练，很自然，把解放战争和中国历史上的掌故很自然地联系在一起，反映了胜利进军中势如破竹的气派。②

---

① 《中原我军占领南阳》原刊发于《人民日报》1948年11月9日。后收入《毛泽东文集》第5卷，人民出版社，1996年，第185—187页。
② 张作和、马庆赐：《〈中原我军占领南阳〉发表前后》，《新湘评论》2012年第23期。

攻心为上、攻城为下，决策和平解放北平

中国古代军事家孙子认为："用兵之法，全国为上，破国次之；全军为上，破军次之；全旅为上，破旅次之；全卒为上，破卒次之；全伍为上，破伍次之。""是故百战百胜，非善之善也；不战而屈人之兵，善之善者也。""故上兵伐谋，其次伐交，其次伐兵，其下攻城。"

战国时有位谋士建言齐王："凡伐国之道，攻心为上，攻城为下；心胜为上，兵胜为下。是故，圣人之饯国攻敌也，务在先服其心。"

西晋陈寿《三国志·蜀志·马谡传》写道："用兵之道，攻心为上，攻城为下。心战为上，兵战为下。"当时，诸葛亮率军南征，马谡奉蜀国后主之命，携酒帛前来劳军。公务完毕，诸葛亮向马谡咨询此次"征南"方略。

马谡回复："愚有片言，望丞相察之：南蛮恃其地远山险，不服久矣；虽今日破之，明日复叛。丞相大军到彼，必然平服；但班师之日，必用北伐曹丕；蛮兵若知内虚，其反必速。夫用兵之道：'攻心为上，攻城为下；心战为上，兵战为下。'愿丞相但服其心是矣。"

马谡的话正中诸葛亮下怀。诸葛亮感慨说："幼常（马谡字）足知吾肺腑也！"

随后南征中，诸葛亮坚定采用"攻心为上，攻城为下"谋略，对孟获七擒七纵，创造了"攻心为上"的千古佳话。孟获感激涕零，发誓"子子孙孙"永不再反。此后，诸葛亮挥师北上，有了巩固的后方。

1948年11月，中国人民解放军东北野战军和华北军区等部队共同发起平津战役，在西起张家口，东至塘沽、唐山，包括北平、天津在内的地区，同国民党军华北战略集团进行战略决战。12月11日，毛泽东代表中共中央军事委员会向林彪、罗荣桓等发出《关于平津战役的作战方针》的电报，人

民解放军随即完成对华北国民党军傅作义集团的分割、包围，首先围歼新保安傅作义集团主力三十五军，解放张家口，全歼守敌 5.4 万余人。1949 年 1 月 14 日，人民解放军攻克天津，全歼守敌 13 万余人，俘虏天津警备司令陈长捷。至此，驻守在北平地区的傅作义集团 20 余万人，在人民解放军严密包围下，南逃无路，西撤无门，陷于绝境。

毛泽东决定使用"攻心为上，攻城为下"方法拿下北平。中共中央、中央军委分析了傅作义的情况，认为傅作义集团面临困境，急谋出路，决定采取"和平方式"解决北平问题。中国共产党北平地下组织通过北平许多民主人士、大学教授、青年学生、傅作义的女儿、傅作义的一些老友等共同努力，使傅作义最终同意以"和平方式"解决北平问题。中国人民解放军平津前线指挥部和傅作义的代表进行谈判，达成用"和平方式"解决北平问题的协议。北平守军在傅作义率领下接受和平改编。

1949 年 1 月 31 日，中国人民解放军进入北平，北平宣告和平解放。千年历史文化古都北平免于战火，完整回到人民手中。9 月，中国人民政治协商会议第一届全体会议决定，成立中华人民共和国，定都北平，改名北京。

此后，毛泽东继续运用"攻心为上，攻城为下"的方法指挥作战，在人民解放军胜利进军、大军压境的形势下，湖南、新疆等地相继和平解放。

集中兵力、聚而歼之，部署渡江战役

继承和发扬中华优秀传统文化，尤其将马克思基本原理与中华优秀传统文化相结合，要注重活学活用。毛泽东精心阅读、深入研究中国古代军事战例，留下许多心得体会与批注，例如"先退后进""中间突破""有强大的战

斗后备队"等。①

中国人民解放战争后期，毛泽东部署渡江战役，就采用了"集中绝对优势兵力，以五六倍于敌一路之兵力，四面包围，聚而歼之"，"有强大的战斗后备队"等战法。②

当时，为了战胜国民党军队集中兵力在长江沿线的严密防守，毛泽东和中央军委调集中国人民解放军第二野战军、第三野战军全部兵力，同时以第四野战军为战略预备队，以狮子搏兔、杀鸡也要用牛刀、志在必得的决心，发起渡江战役（亦称京沪杭战役），一举摧毁国民党军队长江防线，乘势夺取南京，解放亚洲第一大工商业城市上海，然后以摧枯拉朽之势，横扫江南广大地区。

当时的第二野战军司令员刘伯承回忆说："毛主席的军事思想，什么时候都主张要有强大的战略、战役预备队。他主张以四倍到六倍的兵力打击敌人，就是要保持强大的预备队。""渡长江时，国民党只剩残余军队一百万人，我军的力量已占了绝对优势，开头只准备第三野战军过江，后来怕力量单薄，把第二野战军也加上去，共同实施渡江战役。"

"毛主席说：我还有大预备队没有用，就是第四野战军。""这样强大的预备队，是敌人无法抗拒的。"③

攻其无备，出其不意，运筹西南战役

解放西南是中国大陆的最后一役。毛泽东创造性运用和发展中华优秀传统文化中"攻其无备，出其不意"战法，以及中国古代元朝灭南宋的大迂回、大包抄、大包围、大歼灭战略战术，创造了中国革命战争的经典战例。

---

① 《毛泽东与中华优秀传统文化》，《解放军理论学习》2017 年第 5 期。
② 《毛泽东与中华优秀传统文化》，《解放军理论学习》2017 年第 5 期。
③ 《毛泽东与中华优秀传统文化》，《解放军理论学习》2017 年第 5 期。

当时，毛泽东和中央军委首先命令贺龙率领中国人民解放军第十八兵团从陕西沿着秦岭方向南下，进军大西南西北部，吸引国民党军队狼积在西南地区的最后一个战略集团集中兵力防守秦岭方向。然后，命令渡江战役后集结在南京地区的第二野战军乘火车北上，经徐州到郑州时，让刘伯承司令员、邓小平政治委员出席会议，会见媒体记者，并公开报道。这给蒋介石传达了第二野战军沿陇海铁路西进、将跟随贺龙率领的第十八兵团后面、从陕西秦岭方向南下进军西南的战略意图。这就是古代兵法上的"示形于西"。

实际上，当刘伯承、邓小平和第二野战军在郑州公开露面后，毛泽东和中央军委密令第二野战军严密封锁一切消息，秘密乘火车从郑州南下，经过武汉，直达湖南，从大西南东南部，"攻其不备，出其不意"，改"声东击西"为"声西击东"，向国民党军队发起突然袭击。于是，大西南东南部有人民解放军第二野战军，西北部有贺龙率领的人民解放军第十八兵团，两路解放大军对西南地区的国民党军队最后一个战略集团形成强有力的"钳形攻势"，造成了国民党军队插翅难逃的局势。

同时，中国人民解放军坚持"攻心为上，攻城为下"，对西南地区的国民党军队一方面实施猛烈的军事打击，一方面实行强有力的政治争取。刘伯承、邓小平向西南国民党军政人员提出四项忠告，号召他们停止抵抗、投向光明、改过自新、立功赎罪。云南、西康（当时的一个省）、四川等地的国民党军政负责人卢汉、刘文辉、邓锡侯、潘文华等，分别宣布率部起义。国民党军队第十九兵团副司令官、第二十二兵团司令官兼第七十二军军长、第十五兵团司令官、第二十兵团司令官、第七兵团司令官、第十八兵团司令官也相继宣布率部起义。国民党军队第五兵团司令官执迷不悟，其本人及以下5万余人被俘。中国人民解放军不战而下成都。国民党军队最后一个战略集团被彻底歼灭。西南战役大获全胜。

起初，在西南战役中分别率部起义、投诚，或者放下武器的原国民党军队的大批军官惶恐不安，担心共产党追究其历史。

为此，贺龙司令员专门讲到，革命不分先后，他自己原来就是旧军人出身，后来才跟着共产党走上了革命道路。①

刘伯承司令员强调："我们接收了大量的旧公务人员、起义军人、投诚和俘虏人员。他们是后至者，他们要由消极因素转变为积极因素。我们要管饭，要改造，要录用，要整编。毛主席说'禹王治诸侯，后至者诛。这个政策是错的'。'后至者诛'，谁还敢回到中国大家庭一起为人民大众作好事呢？今天我们只要于人民事业有利，只要进步，只要愿意改造，为大众服务，就可以一齐来干。"②

刘伯承阐发的毛泽东运用中华传统文化说明"革命不分先后"的重要指示，有力地安抚、团结、教育了原国民党军政人员，使西南地区对原国民党军政人员的改造和整编工作得以顺利进行。

从井冈山开展游击战争到解放大西南战役，毛泽东大胆实践、勇于创新，善于总结经验，及时汲取教训，指挥革命战争得心应手、游刃有余。他悉心钻研、精心谋划，将马克思主义军事学说、中华优秀传统文化和中国革命战争实践熔于一炉，形成毛泽东军事思想，指挥革命战争达到炉火纯青、出神入化的程度。

① 《毛泽东与中华优秀传统文化》，《解放军理论学习》2017 年第 5 期。
② 《毛泽东与中华优秀传统文化》，《解放军理论学习》2017 年第 5 期。

七

赋予愚公移山精神新的内涵

1840 年鸦片战争后，中国逐渐沦为半殖民地半封建社会，在近代中国，帝国主义、封建主义和官僚资本主义成为压在中国人民头上的"三座大山"。要实现中国人民的自由解放和中华民族的独立富强，必须首先挖掉"三座大山"。然而，中国革命是在极为困难的条件下进行的，一方面，革命阵营面临着国内外敌人互相勾结和国际帝国主义对反革命阵营的源源不断的国际援助；一方面，革命阵营却没有任何国际援助，要赢得胜利必须依靠自己力量顽强奋斗。愚公移山精神为中国共产党提供了独立自主、自力更生、依靠自己力量战胜强敌夺取胜利的强大精神动力。

中华文明博大精深，源远流长。"中国古代有个寓言，叫做'愚公移山'。"[1] 数千年来，愚公移山伴随着中华民族的发展，在中国历代文学、哲学、神话和民间传说中代代相传，已成为民族精神的重要内容。自古以来愚公移山体现着三大内涵：一是用愚公移山比喻改天换地的物质创造。二是用愚公移山比喻战胜强敌的社会变革。三是用愚公移山比喻克服困难移山填海的斗志。四是用愚公移山比喻坚韧不拔的民族精神。

---

① 《毛泽东选集》第 3 卷，人民出版社，1991 年，第 1102 页。

号召全党努力奋斗，以愚公移山精神挖掉帝国主义和封建主义的"大山"

抗日战争胜利前夕，在中共七大上，具有深厚政治智慧和历史智慧积淀的毛泽东，为了鼓舞全党，同心同德，顽强奋斗，实现中共七大路线，古为今用，点石成金，赋予愚公移山崭新的政治内涵。毛泽东在中共七大闭幕词中指出：

> 中国古代有个寓言，叫做"愚公移山"。说的是古代有一位老人，住在华北，名叫北山愚公。他的家门南面有两座大山挡住他家的出路，一座叫做太行山，一座叫做王屋山。愚公下决心率领他的儿子们要用锄头挖去这两座大山。有个老头子名叫智叟的看了发笑，说是你们这样干未免太愚蠢了，你们父子数人要挖掉这样两座大山是完全不可能的。愚公回答说：我死了以后有我的儿子，儿子死了，又有孙子，子子孙孙是没有穷尽的。这两座山虽然很高，却是不会再增高了，挖一点就会少一点，为什么挖不平呢？愚公批驳了智叟的错误思想，毫不动摇，每天挖山不止。这件事感动了上帝，他就派了两个神仙下凡，把两座山背走了。现在也有两座压在中国人民头上的大山，一座叫做帝国主义，一座叫做封建主义。中国共产党早就下了决心，要挖掉这两座山。我们一定要坚持下去，一定要不断地工作，我们也会感动上帝的。这个上帝不是别人，就是全中国的人民大众。全国人民大众一齐起来和我们一道挖这两座山，有什么挖不平呢？①

① 《毛泽东选集》第3卷，人民出版社，1991年，第1102页。

毛泽东号召全党，愚公移山，坚韧不拔，顽强奋斗，坚决挖掉压在中国人民头上的帝国主义和封建主义"大山"。中共七大后，中国共产党发扬愚公移山精神，赢得抗日战争最后胜利。解放战争初期，国民党政府气势汹汹，不可一世，发动全面内战，一时间"黑云压城城欲摧"。中国共产党以愚公移山精神，英勇顽强，克敌制胜，战胜了貌似强大的国民党反动派。新民主主义革命的胜利、中华人民共和国成立，标志着中国共产党领导中国人民彻底挖掉压在中国人民头上的帝国主义、封建主义和官僚资本主义"三座大山"。

提出以愚公移山精神"建设一个独立的、自由的、民主的、统一的、富强的新中国"

毛泽东以《愚公移山》作为中共七大主题闭幕词，具有深刻的政治内涵，根本目的在于实现"放手发动群众，壮大人民力量，在我党的领导下，打败日本侵略者，解放全国人民，建立一个新民主主义的中国"① 的七大路线。毛泽东在中共七大政治报告《论联合政府》中指出：作为一般纲领，我们在政治上的主张是"在彻底地打败日本侵略者之后，建立一个以全国绝大多数人民为基础而在工人阶级领导之下的统一战线的民主联盟的国家制度，我们把这样的国家制度称之为新民主主义的国家制度"② 。毛泽东强调："我们的将来纲领或最高纲领，是要将中国推进到社会主义社会和共产主义社会去的，这是确定的和毫无疑义的。"③ 但是，一切中国共产党人不为着现阶段的目标而奋斗，而空谈社会主义和共产主义，"就不是一个自觉的和忠诚的共产主义者"④ 。"只有

① 《毛泽东选集》第3卷，人民出版社，1991年，第1101页。
② 《毛泽东选集》第3卷，人民出版社，1991年，第1056页。
③ 《毛泽东选集》第3卷，人民出版社，1991年，第1059页。
④ 《毛泽东选集》第3卷，人民出版社，1991年，第1059—1060页。

经过民主主义，才能到达社会主义，这是马克思主义的天经地义。而在中国，为民主主义奋斗的时间还是长期的。"① 当时，中国共产党主张的新民主主义经济，必须是由国家经营、私人经营和合作社经营三部分组成。毛泽东阐述了中国共产党对待资本主义的鲜明态度："有些人不了解共产党人为什么不但不怕资本主义，反而在一定的条件下提倡它的发展。我们的回答是这样简单：拿资本主义的某种发展去代替外国帝国主义和本国封建主义的压迫，不但是一个进步，而且是一个不可避免的过程。它不但有利于资产阶级，同时也有利于无产阶级，或者说更有利于无产阶级。"② 毛泽东认为："中国一切政党的政策及其实践在中国人民中所表现的作用的好坏、大小，归根到底，看它对于中国人民的生产力的发展是否有帮助及其帮助之大小，看它是束缚生产力的，还是解放生产力的。"③ 毛泽东深刻总结中国共产党的成功经验："以马克思列宁主义的理论思想武装起来的中国共产党，在中国人民中产生了新的工作作风，这主要的就是理论和实践相结合的作风，和人民群众紧密地联系在一起的作风以及自我批评的作风。"④ "应该使每个同志明了，共产党人的一切言论行动，必须以合乎最广大人民群众的最大利益，为最广大人民群众所拥护为最高标准。应该使每一个同志懂得，只要我们依靠人民，坚决地相信人民群众的创造力是无穷无尽的，因而信任人民，和人民打成一片，那就任何困难也能克服，任何敌人也不能压倒我们，而只会被我们所压倒。"⑤ 因此，毛泽东以愚公移山精神激励全党，"为着打败日本侵略者，建设一个光明的新中国，建设一个独立的、自由的、民主的、统一的、富强的新中国而奋斗"⑥。毛泽东阐发的基本思想和真知灼见，至今仍然具有深远的历史意义和鲜明的现实意义。

---

① 《毛泽东选集》第3卷，人民出版社，1991年，第1060页。
② 《毛泽东选集》第3卷，人民出版社，1991年，第1060页。
③ 《毛泽东选集》第3卷，人民出版社，1991年，第1079页。
④ 《毛泽东选集》第3卷，人民出版社，1991年，第1093—1094页。
⑤ 《毛泽东选集》第3卷，人民出版社，1991年，第1096页。
⑥ 《毛泽东选集》第3卷，人民出版社，1991年，第1026页。

要求全党以愚公移山精神妥善应对面临的空前尖锐复杂的国际国内局势

毛泽东在中共七大谈到国际形势时指出：把世界引向进步，这是历史的总趋向。国内形势既要看到光明的一面，又要看到困难的一面。"但是我们更要准备困难，我下面讲的困难有十七条"：第一条，外国大骂。现在英、美的报纸和通讯社都在骂共产党，将来我们发展越大，他们会骂得越有劲。要准备着挨外国人的骂。第二条，国内大骂。什么破坏抗战，危害国家，杀人放火，共产共妻，毫无人性，等等。第三条，准备被他们占去几大块根据地。第四条，被他们消灭若干万军队。第五条，伪军欢迎蒋介石。第六条，爆发内战。第七条，出了斯科比，中国变成希腊。第八条，"不承认波兰"。这里是比喻我们得不到承认。第九条，跑掉、散掉若干万党员。第十条，党内出现悲观心理、疲劳情绪。第十一条，天灾流行，赤地千里。天灾是天不下雨，玉皇大帝不帮忙。第十二条，经济困难。第十三条，敌人兵力集中华北。第十四条，国民党实行暗杀阴谋，暗杀我们的负责同志。第十五条，党的领导机关发生意见分歧。第十六条，国际无产阶级长期不援助我们。第十七条，其他意想不到的事。许多事情是意料不到的，但是一定要想到，尤其是我们的高级负责干部要有这种精神准备，准备对付非常的困难，对付非常的不利情况。这些，我们都要透彻地想好。"困难我讲了十七条，下面讲我们一定要胜利。""第一，暂时吃亏，最终胜利。""第二，此处失败，彼处胜利。""东方不亮西方亮，黑了南方有北方，我们总有道路。""第三，一些人跑了，一些人来了。""第四，一些人死了，一些人活着。""第五，经济困难就学会做经济工作。""第六，克服天灾。""第七，党内发生纠纷，这也是给我们上课，使我们获得锻炼。""第八，没有国际援助，学会自力更生。"[①]在抗日战争胜利前夕，毛泽东既对中国革命充满胜利信心，又对应对急剧变幻的国内外形势作了最坏的精神准备，提醒全党高度重视，从最坏处着想，向最好处努力，以愚公移山精神应对各种复杂的国内外局势，克服一切困难，争取光明前景。

指出发扬愚公移山精神的根本方法是依靠人民

毛泽东发表《愚公移山》讲话后，在延安窑洞里会见了从重庆飞抵延安的黄炎培等6位国民参政会参政员。毛泽东问起黄炎培在延安期间有什么感想时，黄炎培说，我生六十多年，耳闻的不说，所亲眼看到的，真所谓"其兴也浡焉"，"其亡也忽焉"，一人，一家，一团体，一地方，乃至一国，不少单位，都没有能跳出这周期率的支配力。一部历史，"政怠宦成"的也有，"人亡政息"的也有，"求荣取辱"的也有，总之没有能跳出这周期率。中共诸君从过去到现在，我略略了解的了，就是希望找出一条新路，来跳出这周期率的支配。[②]毛泽东郑重地说：我们已经找到新路，我们能跳出这周期率。这条新路，就是民主。只有让人民来监督政府，政府才不敢松懈。只有人人起来负责，才不会人亡政息。[③]毛泽东坚信，只要坚持和发扬愚公移山精神，中国共产党就能够跳出黄炎培所说的"周期率"，开创实现人民民主新路。

中国革命战争时期，毛泽东号召中国共产党团结带领中国人民以愚公移山精神，坚决挖掉阻挡中华民族发展与进步的帝国主义、封建主义和官僚资本主义"三座大山"，极大地激励了全党全国人民，大家齐心协力，"每天挖山不止"，终于赢得抗日战争和中国革命伟大胜利，宣告中华人民共和国成立。

---

① 参见：《毛泽东文集》第3卷，人民出版社，1996年，第387—393页。
② 《毛泽东年谱（1893—1949）》中卷，中央文献出版社，2013年，第610—611页。
③ 《毛泽东年谱（1893—1949）》中卷，中央文献出版社，2013年，第611页。

八

以文会友、以友辅仁

中国古代经典《论语·颜渊》写道："曾子曰：'君子以文会友，以友辅仁。'""以文会友，以友辅仁"是中华民族的优良传统。尤其是中华诗词一唱一和，创造了许多"以文会友，以友辅仁"的千古不朽的诗篇。例如，李白的《赠汪伦》："李白乘舟将欲行，忽闻岸上踏歌声。桃花潭水深千尺，不及汪伦送我情。"

近现代中国，毛泽东与很多友人都有诗词唱和，其中与柳亚子互相唱和的诗篇令人动容，传为佳话。

大革命时期，在广州，朝气蓬勃的共产党人毛泽东给孙中山留下深刻印象，被孙中山亲笔列入国共合作的中国国民党第一次全国代表大会候补中央执行委员名单，随后，毛泽东担任国共合作的国民党中央宣传部秘书、代理部长。柳亚子属于国民党元老，与毛泽东一见如故，时有往来。抗战胜利后，毛泽东赴重庆谈判期间，与柳亚子亲切会见。柳亚子向毛泽东索要诗词，毛泽东回复了万里长征、初到陕北、东征山西前夕，第一次见到北方大雪时，触景生情挥毫而就的《沁园春·雪》。柳亚子大喜，对《沁园春·雪》予以高度评价，并秘密在朋友中传播。1945 年 11 月，重庆《新民报晚刊》一位编辑几经辗转，终于得到完整的《沁园春·雪》，以"毛词·沁园春"为题刊出，并加按语："毛润之先生能词，似鲜为人知。客有抄得其《沁园春》一词者，风调独绝，文情并茂，而气魄之大，乃不可及。"《沁园春·雪》一经公开发表，立刻在重庆引起强烈反响，文坛为之轰动。

1948 年年初，柳亚子与何香凝、李济深等在香港成立中国国民党革命委员会，柳亚子任中央常委兼秘书长，公开站在中国共产党领导的革命阵营。1949 年年初，毛泽东电邀柳亚子赴北平共商建国大计。3 月 25 日，毛泽东从西柏坡抵达北平，在西苑机场与柳亚子、郭沫若等亲切会面。当晚，毛泽东在颐和园设宴招待柳亚子等各方面代表和朋友。毛泽东充满胜利豪情，与柳亚子等谈笑风生庆祝胜利。柳亚子当夜赋诗三首并录呈毛泽东，回顾与毛泽东的多年情谊，欢呼中国革命的胜利。其中一首是：

> 二十三年三握手，陵夷谷换到今兹。
>
> 珠江粤海惊初见，巴县渝州别一时。
>
> 延水鏖兵吾有泪，燕都定鼎汝休辞。
>
> 推翻历史三千载，自铸雄奇瑰丽词。

3 月 28 日，柳亚子写了《七律·感事呈毛主席》：

> 开天辟地君真健，说项依刘我大难。
>
> 夺席谈经非五鹿，无车弹铗怨冯驩。
>
> 头颅早悔平生贱，肝胆宁忘一寸丹。
>
> 安得南征驰捷报，分湖便是子陵滩。

毛泽东觉察到了柳亚子这首词的弦外之音，对工作人员说："我这位老诗友的倔脾气又上来了，要退隐是假，有牢骚才是真，看来还得好好和他谈谈，以便更好地发挥他的积极性啊。"4 月 29 日，毛泽东以诗词唱和形式致书柳亚子。诗《七律·和柳亚子先生》写道：

> 饮茶粤海未能忘，索句渝州叶正黄。
> 三十一年还旧国，落花时节读华章。
> 牢骚太盛防肠断，风物长宜放眼量。
> 莫道昆明池水浅，观鱼胜过富春江。

柳亚子仔细阅读毛泽东的诗后，立即写了《次韵奉和毛主席惠诗》。他回复毛泽东：

> 离骚屈子幽兰怨，风度元戎海水量。
> 倘遗名园长属我，躬耕原不恋吴江。

5月1日，毛泽东专程到颐和园拜访柳亚子，促膝谈心，游园登山。在5月5日孙中山就职非常大总统纪念日，毛泽东与柳亚子等到香山谒孙中山衣冠冢，合影留念，并共进午餐，朱德总司令作陪，大家兴致勃勃，谈诗论政。席终，柳亚子拿出《羿楼纪念册》请毛泽东和朱德题词。毛泽东挥毫写了联句诗：

> 池塘生春草，空梁落燕泥。
> 竹外桃花两三枝，春江水暖鸭先知。

1949年9月，柳亚子出席中国人民政治协商会议第一届全体会议，随后任中华人民共和国中央人民政府委员、政务院文教委员会委员、华东行政委员会副主席、中央文史馆副馆长、全国人大常委会委员等职务。

　　毛泽东继承并创造性发展中华优秀传统文化，在撰写文章、发表讲话，指导革命、教育干部，指挥战争、部署工作，诗词唱和、团结朋友时，信手拈来、皆成经典，微言大义、寓意深刻，简明扼要、朗朗上口。例如，毛泽东倡导用取其精华、去其糟粕的方法对待传统文化，将实事求是确定为中国共产党的思想路线，把德才兼备作为中国共产党的干部政策，把"惩前毖后，治病救人"作为整风运动的方针；用"兼听则明，偏听则暗"要求领导干部发扬民主，广泛听取大家的意见和建议，善于发挥集体智慧的作用等。这些创新性发展与运用通俗易懂、要言不烦，点石成金、恰到好处，令人刻骨铭心、印象深刻。

第三篇

社会主义革命和建设时期，马克思主义基本原理与中华优秀传统文化

在社会主义革命和建设时期，中国共产党面临的主要任务是，实现从新民主主义到社会主义的转变，进行社会主义革命，推进社会主义建设，为实现中华民族伟大复兴奠定根本政治前提和制度基础。在这个时期，毛泽东同志提出把马克思列宁主义基本原理同中国具体实际进行"第二次结合"。以毛泽东同志为主要代表的中国共产党人，结合新的实际丰富和发展了毛泽东思想。在这一时期，中国共产党坚持把马克思主义基本原理同中华优秀传统文化相结合，使马克思主义中国化时代化的道路越走越宽广。毛泽东同志继续继承并创造性发展中华优秀传统文化，在领导工作中，向高级干部阐发历史典故，启发大家的思维；向高级干部讲述历史故事，达到古为今用的效果；要求高级干部阅读古典名著，引导领导干部要文武兼备。新中国成立后，中华优秀传统文化对毛泽东同志治党治国治军有着深刻影响。

一

引用老子观点阐述矛盾转化

《道德经》是古代道家哲学思想的重要来源。《道德经》以哲学上的"道德"为主题，论述修身、治国、用兵、养生之道，立论严谨、环环相扣，内涵丰富、犀利透彻，寓意深刻、影响深远，被称为中国古代"内圣外王"之学，蕴含朴素辩证法思想。中国古代的唐玄宗、宋徽宗、明太祖、清世祖等，都曾认真阅读，精心批注，予以推广。古往今来，阐发释义者甚多。

毛泽东对《道德经》非常熟悉，结合实际、随口吟诵，妙语连珠、皆成真谛。

1949 年 3 月 13 日，毛泽东在党的七届二中全会讲到党委会的工作方法时，要求各级党委成员"互通情报，这对于取得共同语言是很重要的"。讲到这里，毛泽东引用老子的《道德经》来说明问题："有些人不是这样做，而是像老子说的'鸡犬之声相闻，老死不相往来'，结果彼此之间就缺乏共同的语言。"① 毛泽东以此要求各级党委成员，要经常"互通情报"，谈心、交心，"取得共同语言"。

1949 年 8 月 18 日，中华人民共和国成立前夕，美国派驻原国民党政府的大使司徒雷登黯然离去，返回美国。美国统治集团声称要封锁即将成立的

---

① 《毛泽东选集》第 4 卷，人民出版社，1991 年，第 1441 页。

新中国。毛泽东专门为新华社撰写《别了，司徒雷登》的评论，满怀豪情地指出："多少一点困难怕什么。封锁吧，封锁十年八年，中国的一切问题都解决了。中国人死都不怕，还怕困难么？老子说过：'民不畏死，奈何以死惧之。'美帝国主义及其走狗蒋介石反动派，对于我们，不但'以死惧之'，而且实行叫我们死。"① 毛泽东引用老子的话，就出自《道德经》。毛泽东的意思是，帝国主义的封锁对于即将成立的新中国来说是坏事，但是能激发中国人民自力更生、艰苦奋斗的精神，坏事可以转化为好事。

1957 年 2 月 27 日，最高国务会议上，毛泽东在《关于正确处理人民内部矛盾的问题》中谈道："在一定的条件下，坏的东西可以引出好的结果，好的东西也可以引出坏的结果。老子在二千多年以前就说过：'祸兮福所倚，福兮祸所伏。'"② 毛泽东多次运用老子朴素辩证法思想来说明事物对立统一和矛盾转化问题。

---

① 《毛泽东选集》第 4 卷，人民出版社，1991 年，第 1496 页。
② 中共中央文献研究室：《毛泽东文集》第 7 卷，人民出版社，1999 年，第 238 页。

二

巧用谚语消除突发事件的迷雾

"天要下雨，娘要嫁人"是中国古代的一个谚语典故，一般用来比喻事物发展有其自身的客观规律，不以人们的主观意志为转移。

1971 年 9 月 13 日凌晨，林彪带着老婆叶群、儿子林立果私自乘一架"三叉戟"飞机，强行起飞，叛党叛国，飞往当时与中国严重敌对的苏联。最后，这架飞机在蒙古温都尔汗沙漠坠毁，林彪等人粉身碎骨。

林彪事件发生时，周恩来向毛泽东请示如何处理。毛泽东用中华传统文化中的一句话来回答：天要下雨，娘要嫁人，由他去吧。

10 月初，周恩来在广州送走来访的非洲一位国家元首后，给中国人民解放军广州军区高级干部作关于林彪事件的专题报告。大会主持人事先说明，与会同志如果有问题，可以当场写条子递上来，周恩来将即席解答。于是，当周恩来讲到林彪外逃"自我爆炸，自取灭亡"时，有一位同志递上去一张条子问：是不是周恩来总理命令部队，用导弹把林彪乘坐的飞机打下来的？

周恩来看完这个条子，严肃地说："我在此再说一遍，林彪的座机不是我命令打下来的，确实是迫降时自我爆炸，自取灭亡。"[①]

周恩来还说："当然，林彪坐（飞）机外逃时，我是及时向主席请示报

---

① 中共中央文献研究室：《周恩来年谱（1949—1976）》下卷，中央文献出版社，1997 年，第 448—449 页。

告了的，这是一个共产党员起码的组织纪律性嘛。但是主席说，天要下雨，娘要嫁人，由他去吧！"①

于是，林彪事件真相与"天要下雨，娘要嫁人"的谚语典故联系在一起，迅速传遍全国。这对于全党全军全国人民消除林彪事件迷雾、破解林彪事件真相、弄清林彪逃跑的来龙去脉发挥了积极作用。

① 中共中央文献研究室：《周恩来年谱（1949—1976）》下卷，中央文献出版社，1997年，第448—449页。

三

巧借《红楼梦》分析国际形势

《红楼梦》是中国古代名著,中国人大部分都耳熟能详。毛泽东熟读《红楼梦》,认为《红楼梦》是反映中国封建社会的"百科全书"。他运用《红楼梦》来分析国际形势,堪称一绝。

1973 年 11 月 17 日上午,毛泽东在北京中南海游泳池住处召集周恩来、乔冠华和外交部的三位年轻干部谈话。

毛泽东畅谈中美关系和国际形势时,旁征博引,妙语连珠,其中谈到了《红楼梦》。

毛泽东说:《红楼梦》是部政治小说,从康熙到乾隆年间,有两大派,一派胜利者即雍正皇帝,抄另一派失败者的家。写的是从兴盛到灭亡,贾、史、王、薛四大家族的兴亡史。"坐山观虎斗"也是凤姐的话。"大有大的难处",特别对我们有用。"千里搭长棚,没有不散的筵席",美国、苏联就是"千里搭长棚"。"不是东风压倒西风,就是西风压倒东风",出自林黛玉,没有调和的余地。①

毛泽东在这次谈话中,运用《红楼梦》分析了 20 世纪 70 年代美国与苏联两个"超级大国"既互相勾结,又互相矛盾、互相争夺,争霸世界的实

---

① 中共中央文献研究室:《毛泽东年谱(1949—1976)》第 6 卷,中央文献出版社,2013 年,第 506 页。

质。毛泽东认为，美国与苏联虽然是两个"超级大国"，貌似强大，实则虚弱，即"大有大的难处"；两个"超级大国"之间的互相勾结是暂时的，它们之间的互相矛盾、互相争夺是必然的，即"千里搭长棚，没有不散的筵席"；在世界上，"不是东风压倒西风，就是西风压倒东风"，中国要坚持和平共处五项原则，坚持世界上一切国家一律平等，团结发展中国家，坚决反对两个"超级大国"的霸权主义，坚决反对两个"超级大国"称霸世界。

四

不学"随陆无武，绛灌无文"

汉高祖刘邦深知"随陆无武，绛灌无文"，于是"因其材以取之，审其能以任之"。他安排厚重少文但能带兵打仗的周勃、灌婴担当指挥军队的重任，对长于谋划、有游说特长的随何、陆贾，则令其运筹帷幄，最终成就了一番事业。

毛泽东运用中华优秀传统文化解读问题、说明问题、阐述问题，达到出神入化的程度。例如，他引用"随陆无武，绛灌无文"，则是要求军队高级干部能文能武。

1973年12月，毛泽东多次主持召开中共中央政治局会议，部署各大军区司令员对调，提议邓小平担任军队领导工作。12月21日下午，毛泽东接见参加中央军委会议的全体成员，谈到《红楼梦》时，说：

要看五遍才有发言权呢。它那是把真事隐去，是假语村言写出来，所以有两个人，一个叫甄士隐，一个叫贾雨村。真事不能讲，就是政治斗争。"吊膀子"这些是掩盖它的（政治内容）。第四回里边有一张"护官符"，那上面说："贾不假，白玉为堂金作马。阿房宫，三百里，住不下金陵一个史。东海缺少白玉床，龙王请来金陵王。丰年好大雪，珍珠如土金如铁。"中国古代小说写得好的是这一部，最好的一部，创造了好多文学语言呢。

毛泽东讲到这里，专门对南京军区司令员说：你就只讲打仗，你这个人以后搞点文学吧。

毛泽东还说：常恨随、陆无武，绛、灌无文，绛是说周勃，周勃厚重少文，你这个人也是少文，你就当周勃嘛！你去读《红楼梦》吧。

毛泽东问：你能够看懂《红楼梦》吗？要看五遍。《水浒》不反皇帝，专门反对贪官，宋江后来接受了招安。①

毛泽东与各大军区司令员谈论《红楼梦》、评价《红楼梦》，要求大家熟读《红楼梦》，其寓意是要求司令员们不但要议军，还要议政；既要懂军事，又要懂政治；要善于从政治上看问题，透过现象看本质。

---

① 中共中央文献研究室：《毛泽东年谱（1949—1976）》第 6 卷，中央文献出版社，2013 年，第 514 页。

五

深挖洞，广积粮，不称霸

20 世纪 70 年代初期和中期，"深挖洞，广积粮，不称霸"① 的口号在中国传播极广。当时，"深挖洞，广积粮，不称霸"和"备战，备荒，为人民"被称为"毛主席的伟大战略部署""毛主席的伟大战略方针"。这是毛泽东根据 20 世纪 70 年代中国面临的国内外形势和中国属于社会主义国家的国家性质，有针对性地提出要做好反侵略战争准备工作和开展外交工作的基本方针。

最初，"深挖洞，广积粮，不称霸"来源于 1972 年 12 月《中共中央转发〈国务院关于粮食问题的报告〉的批语》中转述的毛泽东重要指示。批语中说，毛泽东讲了《明史·朱升传》的历史故事。

> 明朝建国以前，朱元璋召见一位叫朱升的知识分子，问他在当时形势下应当怎么办。朱升说："高筑墙，广积粮，缓称王。"朱元璋采纳了他的意见，取得了胜利。

《明史·朱升传》记载：

---

① 《毛泽东军事文集》第 6 卷，军事科学出版社、中央文献出版社，1993 年，第 408 页。

朱升，字允升，休宁人。元末举乡荐，为池州学正，讲授有法。蕲、黄盗起，弃官隐石门。数避兵遁窜，卒未尝一日废学。太祖下徽州，以邓愈荐，召问时务。对曰："高筑墙，广积粮，缓称王。"太祖善之。吴元年，授侍讲学士，知制诰，同修国史。以年老，特免朝谒。洪武元年进翰林学士，定宗庙时享斋戒之礼。寻命与诸儒修《女诫》，采古贤后妃事可法者编上之。大封功臣，制词多升撰，时称典核。逾年，请老归，卒年七十二。升自幼力学，至老不倦。尤邃经学。所作诸经旁注，辞约义精。学者称枫林先生。

朱升建议朱元璋"高筑墙，广积粮，缓称王"的意思是：群雄并起，天下未定，成大业就应深谋远虑，首先要积蓄自己的力量，发展自己的力量，巩固自己的力量；其次要搞好农业，发展经济，积蓄粮食；最后，不要急于求成，不要急不可待，不要急于当皇帝，避免四面树敌、成为众矢之的。做到这些才能赢得最后胜利。

20 世纪 70 年代初期，毛泽东在"高筑墙，广积粮，缓称王"历史典故的基础上，对其内涵和外延加以创新性发展，将"高筑墙"改为"深挖洞"，用以号召全国军民"积极防御"，建立防空设施，防止敌人突然袭击；采纳"广积粮"，用以号召全国重视农业，确保粮食问题和吃饭问题，以便应对自然灾害和战争，广义上指要注重工农业生产；将"缓称王"改为"不称霸"，用以体现中国坚持独立自主的和平外交政策，体现中国在世界舞台上坚决反对霸权主义，体现中国始终不渝地坚持和平共处五项原则，体现中国坚持军事防御方针，绝不在世界上称王称霸欺负其他国家。

根据毛泽东"深挖洞，广积粮，不称霸"战略部署，人民解放军进一步加强重要战略方向的国防工程建设，在重点防空城市大规模建设人民防空工程，构筑大量打防结合、平战结合的地下工事，增强国家整体防御能力；军队和地方加强战略物资储备，形成国家、军队和地方的战略储备体系。"深挖洞，广积粮，不称霸"与"备战、备荒、为人民"结合起来，从国内政策延伸到外交政策，对反对"超级大国"的侵略战争、推进国家经济建设、树立中国维护世界和平的良好形象，起到十分积极的作用。但是，由于对爆发世界大战危险性估计过高，把过多力量用于反侵略战争准备，长期使军队处于临战状态，给国家经济长远发展和军队现代化建设也造成一定影响。党的十一届三中全会后，党和国家把工作重心转移到经济建设上来，对外政策得到调整和充实。

六

汲取古代楹联文化精华

中国古代三国时期著名政治家、军事家诸葛亮的名篇《出师表》劝勉要广开言路、严明赏罚、亲贤远佞。其中写道：

先帝创业未半而中道崩殂，今天下三分，益州疲弊，此诚危急存亡之秋也。然侍卫之臣不懈于内，忠志之士忘身于外者，盖追先帝之殊遇，欲报之于陛下也。诚宜开张圣听，以光先帝遗德，恢弘志士之气，不宜妄自菲薄，引喻失义，以塞忠谏之路也。

……

亲贤臣，远小人，此先汉所以兴隆也；亲小人，远贤臣，此后汉所以倾颓也。

……

臣本布衣，躬耕于南阳，苟全性命于乱世，不求闻达于诸侯。先帝不以臣卑鄙，猥自枉屈，三顾臣于草庐之中，咨臣以当世之事，由是感激，遂许先帝以驱驰。后值倾覆，受任于败军之际，奉命于危难之间，尔来二十有一年矣。

刘备三顾茅庐使诸葛亮深受感动，诸葛亮应邀出山，辅佐刘备，大展才华，"鞠躬尽瘁，死而后已"。诸葛亮去世后，人们在其隐居地卧龙岗修建武侯祠，作为永久纪念。岳飞在战争年代路过南阳，夜宿卧龙岗，感念诸葛亮的业绩和精神，夜不能寐，挥毫疾书，用行草写下诸葛亮《出师表》和《后出师表》，并用狂草写下"还我河山"四个大字。

南阳卧龙岗武侯祠有两副著名楹联，第一副楹联是：

能攻心则反侧自消从古知兵非好战，

不审势即宽严皆误后来治蜀要深思。

这副楹联评价了诸葛亮的功过得失：上联认为其善于通过"思想政治工作"达到《孙子兵法》中所阐述的"不战而屈人之兵"的效果；下联则认为其在蜀国建立后，没有很好地研究和判断蜀国面临的政治、军事、经济形势，由于对天下大势判断失误，总的路线错了，所以在治理蜀国过程中，无论具体的治国方略是宽是严都无济于事。政略错误，战略无法挽回；战略错误，战术无法挽回；战术错误，战斗无法挽回。政略错误是根本性错误。

第二副楹联是：

心在朝廷原无论先主后主，

名高天下何必辨襄阳南阳。

毛泽东对南阳卧龙岗武侯祠两副著名楹联心存向往，多次希望实地调研。据中共河南省委老同志回忆，1952 年 10 月，毛泽东视察黄河期间，曾希望到南阳卧龙岗武侯祠，实地看一看两副著名楹联。但是中共南阳地区委员会负责人回复，南阳伏牛山区的土匪尚未彻底肃清，从当时河南省会开封到南阳的公路两旁都是庄稼地，很担心毛泽东的安全问题。于是，毛泽东的南阳卧龙岗武侯祠之行未能实现。

1958年3月，毛泽东在成都筹备并主持中共中央成都会议期间，游览了成都武侯祠。他进入武侯祠，首先到碑亭仔细观看石碑，随后观看武侯祠二门和刘备殿的楹联。毛泽东兴致盎然，边走边看，边聊边谈，并对陪同人员说：你们走在前面，你们年轻，应该多看些。武侯祠内楹联随处可见，以诸葛亮殿前清末赵藩所题最负盛名。毛泽东特意指出的赵藩所题楹联就是"能攻心则反侧自消从古知兵非好战，不审势即宽严皆误后来治蜀要深思"。毛泽东走到这副楹联前时，停住脚步，注视良久，心诵不已。据中共中央文献研究室编撰的《毛泽东年谱》记载，1958年3月6日下午，毛泽东"游览成都武侯祠。嘱人将武侯祠的楹联抄录送给他"①。

1958年，毛泽东在河南期间，一天早上登上汽车，准备到南阳卧龙岗武侯祠实地看看。没想到头天夜间天降大雨，将沿途一座桥梁冲垮，这次毛泽东仍然没有实现到访南阳卧龙岗武侯祠的愿望。然而，"能攻心则反侧自消从古知兵非好战，不审势即宽严皆误后来治蜀要深思"这副著名楹联一直铭刻在毛泽东的脑海里。

20世纪70年代，毛泽东建议四川省有关领导同志去看一看成都武侯祠的楹联，以增加治理四川和指挥成都军区的历史知识、明白怎样开展工作。

四川省有关领导同志到成都上任后，专门到武侯祠调研。该领导同志询问武侯祠负责人："毛主席说武侯祠有副楹联对解决当前四川局面很有帮助，不知是哪副楹联？"

武侯祠负责人说："记得1958年春，中央政治局成都会议期间，毛主席来过武侯祠，他在赵藩撰写的'能攻心则反侧自消从古知兵非好战，不审势即宽严皆误后来治蜀要深思'这副楹联前凝视了许久，看后对此联大加

① 中共中央文献研究室：《毛泽东年谱（1949—1976）》第3卷，中央文献出版社，2013年，第308页。

赞赏。”

然而，"文革"期间，这副楹联被摘了下来，不知道放在哪个角落了。

成都军区政委要求武侯祠尽快将毛泽东高度重视的这副楹联挂出来，让人们从中受到教益。

武侯祠负责人回答："我马上落实。"

随后，在武侯祠仓库里找到上联，却没有找到下联，只好重新写了一副楹联挂上。（20世纪80年代在武侯祠档案室中找到了赵藩所写楹联的真迹）

南阳卧龙岗武侯祠第二副楹联为清朝南阳知府湖北人顾嘉衡所书，即：心在朝廷原无论先主后主，名高天下何必辨襄阳南阳。

自古以来，由于诸葛亮名扬天下，有关方面对诸葛亮出山襄助刘备之前，究竟是在河南南阳隐居还是在湖北襄阳隐居，有不同认识。

南阳人认为，东汉时期的南阳，北接河洛，西通长安，东控中原，南瞰荆楚，交通便利，四通八达，物产丰富，民风淳朴，历史悠久，文风昌盛，底蕴深厚。更兼南阳是东汉开国皇帝刘秀发迹的地方，"民间所传二十八宿即刘秀的二十八个主要将领大多在南阳一带"，因此南阳在东汉时被称为"南都""帝乡"。诸葛亮只有隐居南阳，才有可能身在南阳，心在朝廷，胸怀中原，放眼天下。更何况，诸葛亮在《出师表》中亲笔所述："臣本布衣，躬耕于南阳，苟全性命于乱世，不求闻达于诸侯……"南阳卧龙岗即为诸葛亮（卧龙先生）隐居此地而得名。

襄阳人则认为，襄阳"古隆中"的地理地貌更适合诸葛亮隐居林泉的需要。诸葛亮会见刘备时有名的"隆中对"就发生在襄阳"古隆中"。"古隆中"对面有一座山，在云雾缭绕时像盘踞着的一条卧龙，诸葛亮号称"卧龙"即因此山而得名。而且，襄阳"古隆中"归枣阳县管辖，历史上枣阳县属于南阳郡，所以诸葛亮说"臣本布衣，躬耕于南阳"实为襄阳的枣阳县。但南阳学者查阅汉代行政区划，南阳郡的管辖范围不到襄阳的"古隆中"。

千百年来，究竟诸葛亮"躬耕南阳"还是"躬耕襄阳"？究竟诸葛亮隐居的地方是河南南阳西郊卧龙岗还是湖北襄阳郊区"古隆中"？南阳、襄阳各执一词，无法统一。

顾嘉衡是湖北人，担任南阳知府，同意"襄阳说"会得罪南阳人，同意"南阳说"会得罪襄阳人。顾嘉衡没有陷于"南阳说""襄阳说"的争执之中。他熟悉诸葛亮的志向抱负、人格风范和历史贡献，在担任南阳知府期间，挥毫为南阳卧龙岗武侯祠写下了千古不朽的著名楹联：心在朝廷原无论先主后主，名高天下何必辨襄阳南阳。

20 世纪 50 年代，时任中国共产主义青年团中央第一书记胡耀邦到南阳地区调查研究。工作之余，登上仰慕已久的南阳卧龙岗，看到了武侯祠大殿上高悬的两副著名楹联。胡耀邦在南阳卧龙岗上见到顾嘉衡真迹后，兴奋不已，悉心体会，脱口而出：

心在人民原无论大事小事，
利归天下何必争多得少得。

这副对联朴实无华，得到广泛传诵，成为卧龙岗上的一段佳话。

2015 年 11 月 20 日，习近平总书记在纪念胡耀邦诞辰 100 周年座谈会上的讲话中指出："我们纪念胡耀邦同志，就是要学习他心在人民、利归天下的为民情怀。'心在人民，原无论大事小事；利归天下，何必争多得少得。'这是胡耀邦同志题写的一副对联。胡耀邦同志保持着劳动人民本色，对人民群众怀有深厚感情。他说，共产党人参加工作，不是为了享福，要在为人民服务中去追求人生的乐趣和价值。他强调，脱离群众是危险的，联系群众才有智慧，认为自己一切都行了，不再需要深入实际依靠群众了，对群众的意见不当一回事，特别是不同意见和反面意见难听进去了，于是就危险了！他语重心长告诫各级干部，经常到基层去接触群众，心里才会装着人民，才会时刻想着人民，才能真正为人民群众做一些实事、好事。他强调，改革开放的根本目的就是要让人民过上好日子，我们共产党员要时时刻刻为人民着想，使人民尽快富裕起来。胡耀邦同志是这样说的，也是这样做的。他经常深入基层、调研考察，每到一处，他都同当地干部群众一起谈改革、话致富，为当地发展出主意、想办法，勉励广大干部群众发愤图强，使经济尽快发展起来、人民尽快富裕起来。"①

---

① 习近平:《在纪念胡耀邦同志诞辰100周年座谈会上的讲话》,《人民日报》2015年11月21日。

七

号召"愚公移山，改造中国"

中华人民共和国成立初期，经济上面临着国民党遗留下来的久经战乱的贫穷落后的"烂摊子"，生产萎缩，交通梗阻，民生困苦，失业众多。特别是国民党统治时期长期通货膨胀，造成了物价飞涨、投机猖獗、市场混乱、民不聊生的严峻局面，给恢复和发展国民经济带来极大困难。新中国各项事业百废待兴，国民经济亟待发展，为此，毛泽东在 20 世纪 50 年代号召全党全国人民"愚公移山，改造中国"①。

以愚公移山精神修建红旗渠

山东省莒南县厉家寨原来是一个贫穷落后山村。1955 年冬季，厉家寨农民以愚公移山精神削岭填沟，深翻土壤，平整土地，形成 1520 亩梯田；同时修建 11 座小型水库，1600 座谷房，荒山植树 11800 亩。1956 年粮食亩产达到 279 公斤，比以前增长 4 倍多。1957 年 10 月 9 日，毛泽东批示："愚公移山，改造中国，厉家寨是一个好例。"从此，"愚公移山，改造中国"的口号响彻中华大地，激励着中国人民迸发出改天换地、移山填海、建设

---

① 《毛泽东年谱（1949—1976）》第 3 卷，中央文献出版社，2013 年，第 220 页。

中国、改造中国的空前的积极性和创造性。1957 年冬至 1958 年，河南济源以愚公移山精神综合治理蟒河，成效显著。济源先进经验很快名闻遐迩。根据济源档案馆资料记载，1957 年 11 月，河南林县 3 个参观团分别向济源赠送 "以愚公移山的劲头，大兴农田水利" "全面规划综合治理的榜样" "以气吞山河之势战胜穷山恶水" 的锦旗。1960 年 2 月，以愚公移山精神开始 "引漳入林"，修建红旗渠。整个工程总干渠和一、二、三干渠雄伟壮观，施工艰巨。从渠首到分水岭的红旗渠总干渠，从山西省平顺县开始，穿过崇山峻岭，越过峡谷险滩，经林县西北部到达北部坟头岭，全长 70 公里，有 20 公里在平顺县境内。渠底宽 8 米，渠墙高 4.3 米。从分水岭向 3 个方向延伸的一、二、三干渠，一直深入林县西南、中东、东北部，分别长 40 公里、48 公里、11 公里。三条干渠沿线地势十分复杂。从三条干渠分出的诸多分干渠、支渠、斗渠、农渠，密如蛛网，流遍林县 14 个乡镇 410 个行政村。由于林县地形复杂，又是在太行山上修渠，遇山凿洞，过峪架槽，工程浩大，削平 1250 个山头，架起 152 个渡槽，打通 211 个隧道，挖砌土石 1818 万立方米。林县人民苦干十年，建成长达 1500 公里的 "人造天河" 红旗渠。随后，1970 年搞渠系配套工程。据 1981 年底统计，红旗渠包括总干渠 1 条、干渠 9 条、支渠 51 条、斗渠 290 条、农渠 4281 条，共有拦河大坝、分水闸、支渠闸、防洪桥、路桥、涵洞、渡槽等建筑物 12051 座。在愚公移山精神鼓舞下，当年林县 "千军万马战太行"，修建红旗渠；改革开放初期，林县 "十万民工出太行" 承包基建工程，"实现资本原始积累"；接着，林县 "十万民工返太行"，大办乡镇企业，"回乡创业富太行"。"愚公移山，改造中国。"林县人民 "写出最新最美的文字，画出最新最美的图画"，创造了举世闻名的奇迹。

以愚公移山精神建设大庆油田

中华人民共和国成立前，中国长期被认为是一个"贫油国"。中华人民共和国成立后，地质人员发现东北地区松辽盆地有油田显示。1959年9月，地质钻探人员在松辽盆地中央凹陷区北部大同镇找到工业性油流，发现高台子油田———为庆祝新中国成立10周年命名为"大庆油田"。1960年初，中共中央批准石油部"集中石油系统一切可以集中的力量，用打歼灭战的办法，来一个声势浩大的大会战"的建议，以石油部、地质部为主，农垦部、机械部、冶金部、电力部、建筑工程部、铁道部、林业部、商业部等大力支援，进行大庆油田会战。经三年多奋战，高速度高水平探明和建成大庆油田，形成年产600万吨原油生产能力。1963年，大庆油田产原油439.3万吨，占全国原油产量的67.3%。同年，全国原油、汽油、柴油、煤油和润滑油等主要产品产量全面超额完成计划；中国设计和新建成的大型炼油厂建设时间缩短一年。周恩来在第二届全国人大第四次会议上宣布："我国需要的石油，现在可以基本自给了。"1965年底，中国实现国内消费原油和石油产品的全部自给，大庆油田提供的高产原油起到决定性作用。在大庆油田勘探、开发和建设中，始终贯穿着愚公移山精神，石油工人在茫茫荒原上，人拉肩扛钻井设备，冰天雪地昼夜钻探，钻探缺水人力端水，特别是"铁人"王进喜跳入泥浆池制服井喷等，成为"愚公移山，改造中国"的真实写照。

以愚公移山精神研制"两弹一星"

中华人民共和国成立后，中国与苏联建交并签订《中苏友好同盟互助条约》。1957年，中国与苏联签订《关于生产新式武器和军事技术装备以及在中国建立综合性原子能工业的协定》，即《国防新技术协定》。苏联同意在原子能工业、导弹、火箭武器、航空新技术，以及导弹和核试验基地建设等方面对中国提供援助。1957 年至 1958 年，协定顺利执行，苏联向中国提供多种导弹、飞机和其他军事装备的实物样品，交付技术资料，派技术专家来华，对中国尖端武器研制起步有一定作用，在导弹、火箭和作战飞机、试验基地建设等方面加快了中国研制进程。1958 年夏天，中国拒绝苏联关于建立联合舰队和长波电台的建议，中苏关系逆转。1959 年 6 月，苏联终止《国防新技术协定》部分项目。1960 年 7 月，苏联全面撕毁协议，撤走尖端技术专家。毛泽东说："要下决心搞尖端技术。赫鲁晓夫不给我们尖端技术，极好。如果给了，这个账是很难还的。"[1] 中国人民发扬愚公移山精神，独立自主，自力更生，研制"两弹一星"。一批优秀科学家和有关人员在戈壁荒滩，深山峡谷，建立科研基地，默默无闻，艰苦创业，刻苦攻关，攀登国防科技高峰。1964 年，中国成功爆炸第一颗原子弹、中近程导弹发射成功。1967 年，中国第一颗氢弹试验成功。1970 年，中国成功发射第一颗人造地球卫星。此后，中国成功研发资源卫星、气象卫星、通信卫星、导航卫星、海洋卫星等各种功能的卫星。以"两弹一星"为核心的国防尖端科技是国防现代化的伟大成就，是中国现代科技发展的重要标志，有力地带动了中国科技发展。邓小平说："如果六十年代以来中国没有原子弹、氢弹，没有发射卫星，中国就不能叫有重要影响的大国，就没有现在这样的国际地位。这些东西反映一个民族的能力，也是一个民族、一个国家兴旺发达的标志。"[2] 现在，中国的各种卫星和宇宙飞船遨游太空，各种"导弹系列"配套成龙，东风 41 洲际弹道导弹、东风 17 超高音速导弹等威震世界。这是"愚公移山，改造中国"的丰硕成果。

社会主义革命和建设时期，要把中国从经济文化、科学技术落后的农业

---

① 《当代中国的国防科技事业》上卷，当代中国出版社，1992 年，第 45 页。
② 《邓小平文选》第 3 卷，人民出版社，1993 年，第 279 页。

国发展成为先进的工业国，缺乏资金，缺乏科学技术，缺乏各方面的专业人才，缺乏外国援助（20世纪50年代，苏联曾经提供经济援助，50年代末期全部停止），缺乏经济建设经验，缺乏熟悉经济工作的领导干部，面对上述重重"大山"，中国只有走"愚公移山，改造中国"的道路，以"每天挖山不止"的精神状态，克服困难，渡过难关。农业方面的红旗渠、工业方面的大庆油田、科学技术方面的"两弹一星"，既是"愚公移山，改造中国"的具体体现，也是中国人民以愚公移山精神自力更生、艰苦奋斗的缩影。

改革开放和社会主义现代化建设新时期，"继续发扬愚公移山的精神"。中共十一届三中全会标志着中国进入改革开放新时期。刚刚结束"十年内乱"的中国，"积重难返""问题成山"，面对新技术革命带来世界突飞猛进、日新月异的变化，面临前所未有的新情况、新问题和新挑战，邓小平反复告诫全党："中国搞四个现代化，要老老实实地艰苦创业。我们穷，底子薄，教育、科学、文化都落后，这就决定了我们还要有一个艰苦奋斗的过程。"[1]中共中央号召全党："继续发扬愚公移山的精神，同心同德，排除万难，为把我们的国家逐步建设成为现代化的、高度民主的、高度文明的社会主义强国而努力奋斗！"[2]改革开放新时期"继续发扬愚公移山的精神"，中国人民面对社会主义现代化建设遇到的一座又一座"大山"，"每天挖山不止"，农村改革、经济体制改革、科技体制改革、教育体制改革、国防和军队改革等获得显著成果。中国大踏步赶上世界发展潮流，在较短的时间内，浓缩世界上发达国家数十年以至上百年发展历程，创造了迅速发展成为世界第二大经济体的奇迹。

中国特色社会主义新时代，"立下愚公移山志，咬定目标、苦干实干，

---

[1] 《邓小平文选》第2卷，人民出版社，1994年，第257页。
[2] 《关于建国以来党的若干历史问题的决议》，《人民日报》1981年7月1日。

坚决打赢脱贫攻坚战"。习近平总书记在新时代多次强调弘扬愚公移山精神。2015 年 11 月 28 日，习近平总书记在中央扶贫开发工作会议上指出："我们要立下愚公移山志，咬定目标、苦干实干，坚决打赢脱贫攻坚战。"[1] 习近平总书记关于发扬愚公移山精神的重要论述赋予愚公移山精神崭新的时代内涵。愚公移山精神成为决胜全面建成小康社会、实现中华民族伟大复兴的强大精神力量。习近平总书记指出："中国人民是具有伟大梦想精神的人民。在几千年历史长河中，中国人民始终心怀梦想、不懈追求，我们不仅形成了小康生活的理念，而且秉持天下为公的情怀，盘古开天、女娲补天、伏羲画卦、神农尝草、夸父追日、精卫填海、愚公移山等我国古代神话深刻反映了中国人民勇于追求和实现梦想的执着精神。中国人民相信，山再高，往上攀，总能登顶；路再长，走下去，定能到达。"[2] 愚公移山体现的中华民族生生不息、坚韧不拔的顽强勇敢精神，一往无前、攻坚克难的奋力拼搏精神，披荆斩棘、开拓进取的艰苦奋斗精神，集中凝聚在中国共产党领导中国人民的奋斗历程中。愚公移山精神永远是激励中国共产党领导中国人民奋勇前进、创造美好未来的强大精神动力。

---

[1] 《习近平谈治国理政》第 2 卷，外文出版社，2017 年，第 83 页。
[2] 《习近平谈治国理政》第 3 卷，外文出版社，2020 年，第 141 页。

改革开放和社会主义现代化建设新时期，马克思主义基本原理与中华优秀传统文化

　　党的十一届三中全会，果断结束"以阶级斗争为纲"，实现党和国家工作中心战略转移，开启了改革开放和社会主义现代化建设新时期，实现了新中国成立以来党的历史上具有深远意义的伟大转折。一方面中华民族面向整个世界敞开了巨大的胸怀，吸收一切人类文明的先进成果为我所用；另一方面整个世界风云变幻，各种思潮潮起潮落，呈现出激烈交锋的局面。以邓小平同志为主要代表的中国共产党人，将马克思主义基本原理同中国具体实际相结合，成功开创了中国特色社会主义道路。党的十三届四中全会以后，以江泽民同志为主要代表的中国共产党人，成功把中国特色社会主义推向21世纪。党的十六大以后，以胡锦涛同志为主要代表的中国共产党人，成功在新形势下坚持和发展了中国特色社会主义。从改革开放的蓬勃兴起到实现社会主义现代化建设迅猛发展，中国共产党继承中华优秀传统文化，并进行创新性发展。例如：邓小平同志重新将"实事求是"提升到思想路线的高度，革故鼎新、改革开放，赋予"小康"以崭新的时代内涵和新的政治含义。江泽民同志常引用一系列古典名言启迪党员干部立党为公、执政为民，淡泊名利，树立正确"三观"；提出依法治国与以德治国紧密结合。胡锦涛同志提出以"八荣八耻"为主要内容的社会主义荣辱观，重视"天人合一"建设生态文明。

一

最喜欢中国古典史书

智慧来自实践，来自经验，也来自书本。读书让人拓宽视野，增长智慧。邓小平一生喜爱读书，经常阅读的书籍主要有两个方面：一方面是马克思主义的基本著作，另一方面是中国古典史书，特别是《资治通鉴》。中华优秀传统文化滋润了邓小平的心智，他从中汲取了许多深邃的政治智慧和丰富的历史智慧。

从读书中汲取智慧

邓小平从幼年起开始接受严格的农村私塾教育。他 5 岁进入私塾学习中华优秀传统文化基础性著作——曾经将《三字经》《百家姓》《千字文》《三字幼仪》等背诵得滚瓜烂熟，并且按照严格规范的传统文化要求写毛笔字，这奠定了遒劲有力的"邓体"书法基础。

7 岁开始，邓小平进入协兴初级小学堂接受新式教育，学习国文（中国语文）、体操（体育）、国画（中国画）等课程。

1915 年秋天，邓小平转学插班到广安县立高等小学堂学习（后来，广安县财政局办公室即为邓小平当年读书时的教室），学习国文、算术、理科（物理等自然科学知识）、历史、地理、修身（道德教育）等新式教育课程。

1918 年夏天，14 岁的邓小平进入广安县立中学读书，主要课程有国文、数学、历史、地理、化学、物理、博物、修身、体操等。

邓小平通过农村私塾、协兴初级小学堂、广安县立高等小学堂、广安县立中学，受到了系统完整的基础教育，奠定了中华优秀传统文化和自然科学知识的初步基础。然后，他到欧洲勤工俭学期间，找到了马克思主义，投身共产主义运动。从戎马倥偬、烽火连天的革命战争时期到日理万机、宵衣旰食的改革开放和社会主义现代化建设新时期，邓小平一直保持着好学深思、博览群书、终身学习、终身阅读的习惯。

据中共中央办公厅邓小平办公室工作人员回忆，邓小平经常利用一切休闲时间，见缝插针，随时随地读书。邓小平经常阅读的书籍主要有两个方面：一方面是马克思主义的基本著作，另一方面是中华优秀传统文化的代表性著作。在中华优秀传统文化方面，他百读不厌的主要是两套书：一套是中华优秀传统文化的重要经典著作《资治通鉴》，一套是中华优秀传统文化的知识性读物《康熙字典》。这两套书从革命战争时期开始便伴随着他，一直到改革开放新时期，不知道他究竟阅读过多少遍。因为岁月久远，这两套书的纸张早已发黄。于是，每当这两套书出现破损时，邓小平办公室的工作人员就用胶布粘贴修补一下；后来有了透明胶带，每当这两套书出现破损，工作人员就用透明胶带粘贴修补。因此，这两套书里面，很多地方贴着胶布和透明胶带。工作人员多次建议，将这两套书送给国家博物馆，给他重新购买新的《资治通鉴》和《康熙字典》，他坚决不同意①。

同时，邓小平注重吸收人类文明的一切成果。改革开放初始阶段，曾经详细阅读美国人威廉·曼彻斯特撰写的反映美国现代历史的大部头著作《光荣与梦想》。这本巨著重点反映从 1932 年美国总统罗斯福执政到 1972 年尼

① 根据本书作者薛庆超与中共中央办公厅邓小平办公室工作人员谈话记录。谈话记录原件存本书作者薛庆超处。

克松总统执政期间，美国政治、经济、文化和社会生活的方方面面。

中华优秀传统文化滋润了邓小平的心智，他从中汲取了许多深邃的政治智慧和丰富的历史智慧。邓小平的家人回忆说，邓小平最喜欢中国古典史书，特别是《资治通鉴》，家里有两套，其中一套是线装书。邓小平从头到尾通读过《二十四史》，《二十四史》中最爱阅读的是《三国志》。在现代世界，从某种意义上说，从 20 世纪 60 年代到 90 年代，上演了现代版的"三国志"——中国、苏联、美国之间的互相博弈与彼此之间的力量消长，主导着国际形势的发展方向。邓小平一位女儿说，父亲特别爱看书，什么书都看，中外古典名著、历史人物传记、时事评论专辑乃至整本整册的《二十四史》，他统统都喜欢读。在历史古籍中，他最喜欢读的还是《资治通鉴》。[①]1961年 1 月 5 日，中共中央总书记邓小平主持中央书记处会议，听取杨静仁汇报西藏工作。其间，邓小平针对当时某些基层具体工作中出现的"瞎指挥"问题，明确指出：我最近看了《资治通鉴》，历史上遭到了严重破坏后，真正搞起来两年就恢复了，瞎指挥破坏也快。

邓小平认为："历史上成功的经验是宝贵财富，错误的经验、失败的经验也是宝贵财富。这样来制定方针政策，就能统一全党思想，达到新的团结。这样的基础是最可靠的。"[②]据邓小平家人回忆，有两个历史时期邓小平阅读《资治通鉴》的时间最多：一个时期是 20 世纪 60 年代初期，国民经济遇到暂时的严重困难，急需从中国古代历史典籍中借鉴治国理政的方法；一个时期是"文革"时，邓小平被下放到位于江西南昌市郊的新建县拖拉机修配厂进行劳动改造，其间，他积极从历史典籍中寻获拨乱反正的历史镜鉴。

① 《党的文献》2012 年第 4 期。
② 《邓小平文选》第 3 卷，人民出版社，1983 年，第 234—235 页。

从读书中汲取力量

在邓小平政治生涯最艰难的岁月里，阅读文史著作是他战胜困境的最有力的精神武器。邓小平的女儿邓榕回忆，从北京到江西初期，邓小平和家人收到了中共中央办公厅运去的几个"沉甸甸的大书箱"，里面是他们离开北京时打包的"邓小平藏书"。

邓榕说："我们家的藏书，什么都有。中国历史方面的，有《二十四史》、《资治通鉴》等等；中国文学的，有《红楼梦》、《三国演义》、《水浒传》、《西游记》、'三言'、'二拍'、《儒林外史》、《镜花缘》、《西厢记》、《牡丹亭》、《桃花扇》和诗经、唐诗、宋词、元曲，及现代作家鲁迅、巴金、老舍的作品等等；外国文学，有托尔斯泰、果戈里、契诃夫、陀斯妥也夫斯基、巴尔扎克、雨果、罗曼·罗兰、大仲马、莫里哀、萧伯纳、泰戈尔、海明威等等的诸多作品；还有许许多多外国历史、回忆录、传记、哲学等方面的书，当然，还有许多马列主义书籍。"①

正是《二十四史》《资治通鉴》等中华优秀传统文化的经典著作，以及中外文学作品，使邓小平在变幻莫测的形势中，沉稳淡定，一直保持着"宠辱不惊，看庭前花开花落；去留无意，望天上云卷云舒"的心情。书籍既是人类智慧的结晶，也是人类进步的精神营养。读书可以增长智慧，阅读历史著作可以增强经邦济世的本领。

邓榕曾感叹，从北京运到江西的"这又沉又重的几大木箱子书，真是我们的宝贝啊。在孤寂的年代，靠着读书，可以解除寂寞，可以充实生活，可以增长知识，可以陶冶情操，可以安静心灵。父母亲都喜欢看书，在闲暇的

---

① 毛毛（邓榕）：《我的父亲邓小平："文革"岁月》，中央文献出版社，2000年，第150页。

午后，在万籁俱静的夜晚，书，陪伴着他们共度岁月"①。

邓小平的夫人卓琳最喜欢阅读中国古典文学名著《红楼梦》，被研究《红楼梦》的专家们称为"半个红学家"。

关于邓小平在江西期间一边劳动、一边读书的情况，邓榕写的《在江西的日子里》详细回忆道：

> 父母二人每日上午到工厂劳动，下午三人在园中耕作。晚饭后，清扫完毕，三人便围坐在一起听新闻广播。然后父母亲读书看报，祖母就做一些针线补缀之事。父亲和母亲非常喜爱看书。离开北京时，经过批准，他们带来了几乎全部的藏书。在那谪居的日子里，父母抓住时机，勤于攻读。特别是父亲，每日都读至深夜。那几年之中，他们读了大量的马列著作，读了《二十四史》以及古今中外的其他书籍。对他们来说，能有时间如此坐下来读书，确也是难得的机会。我们到江西探亲时，父亲常给我们讲一些历史典故，有时还出题考我们。母亲也时常给我们讲述、议论一些书中精辟之处。在读书中，他们抚古思今，受益匪浅。我父亲为人性格内向，沉稳寡言，五十多年的革命生涯，使他养成了临危不惧、遇喜不亢的作风，特别是在对待个人命运上，相当达观。在逆境之中，他善于用乐观主义精神对待一切，并用一些实际的工作来调节生活，从不感到空虚和彷徨。在江西那段时间，他就主要用劳动和读书来充实生活，陶冶精神。②

1972年12月5日，兴国招待所的工作人员看到即将返回北京工作的

① 毛毛：《我的父亲邓小平："文革"岁月》，中央文献出版社，2000年，第150页。
② 毛毛：《在江西的日子里》，《人民日报》1984年8月22日。

邓小平夫妇带了两个箱子，里面除了一点换洗衣服外，都是书籍，有些还是厚厚的古代历史书籍。卓琳给他们解释说："我们就是爱看书。这些都是小平同志的宝贝。"

1973年，邓小平恢复工作，1975年，主持中央党政军日常工作。1976年，邓小平再次身处逆境，《二十四史》《资治通鉴》依然伴随着他的日常生活。

1977年7月，他再次恢复工作，领导中华民族开创了改革开放和社会主义现代化建设的伟大事业。

1984年8月22日是邓小平的80岁诞辰。当天，女儿邓榕在刊登着《在江西的日子里》这篇文章的《人民日报》上面写着：

> 老爷子，这是我和平平送你的生日礼物，请阅。
>
> 毛毛，8月22日。

邓小平高兴地看了这份非同寻常的生日礼物，在报纸上面亲笔批示"看了，写得真实"①。

从中华优秀传统文化中获得灵感

邓小平继承和发展中华优秀传统文化，重新将"实事求是"提升到思想路线的高度。

邓小平强调"要懂得些中国历史，这是中国发展的一个精神动力"②。党的十一届三中全会恢复了中国共产党实事求是的思想路线，并写入了《中国共产党章程》。从此，坚持实事求是，实行改革开放，全党全国尽人皆知，

---

① 江西省南昌市小平小道陈列馆展览的1984年8月22日《人民日报》照片上面有邓小平亲笔批示和毛毛写的向邓小平祝贺生日的话。
② 《邓小平文选》第3卷，人民出版社，1993年，第358页。

成为中华民族的历史基因，代代传承。特别是邓小平从中华优秀传统文化第一部诗歌总集《诗经·大雅·民劳》中的"民亦劳止，汔可小康；惠此中国，以绥四方"和《礼记·礼运篇》中感受到中华民族自古以来对"小康"的期盼，从中华优秀传统文化中获得历史智慧和"灵感"，赋予"小康"以崭新的时代内涵和新的政治含义，领导中国人民走上了建设小康社会的历史新征程。

从此在中华大地上，"奔小康"成为改革开放新时期中华民族的最大共识。"奔小康"，全国上下，男女老少，尽人皆知，朗朗上口，明白晓畅。在中国共产党成立100周年之际，我国全面建成小康社会，实现了中华民族对"小康"的千年期盼。

二

柔中有刚、绵里藏针

中华优秀传统文化一贯主张"严于律己，宽以待人"，认为"柔中有刚，绵里藏针""以柔克刚""劲气内敛"既是一种哲学思想，又是一种精神境界和处世之道。毛泽东将"柔中有刚，绵里藏针"古为今用，点石成金，赋予评价邓小平以崭新政治内涵。

人才难得

邓小平早年在欧洲勤工俭学期间投身共产主义运动，经历了中国共产党的创建时期、大革命时期、土地革命战争时期、万里长征、抗日战争时期、解放战争时期与社会主义革命和建设时期，具有高屋建瓴、驾驭全局的领导能力，"运筹帷幄之中、决胜千里之外"的指挥能力，理论联系实际的政治水平和旗帜鲜明、大刀阔斧、雷厉风行的工作作风。

1956 年，他开始担任中共第八届中央政治局常委、中央委员会总书记。"文革"初期，邓小平被撤销一切领导职务。后来，毛泽东多次提到邓小平"人才难得"。1973 年 3 月 10 日，中共中央作出《关于恢复邓小平同志的党组织生活和国务院副总理的职务的决定》。在党的十大上，邓小平当选中央委员。

当时，毛泽东以"柔中有刚，绵里藏针；外面和气一点，内部是钢铁公司”评价邓小平。

1973 年 12 月，毛泽东多次主持召开中共中央政治局会议，研究部署各大军区司令员对调问题，提议邓小平出任中央党政军的重要领导工作。

1973 年 12 月 14 日，在毛泽东召集的有部分中共中央政治局委员出席的会议上，毛泽东对大家说：“现在，请了一个军师，叫邓小平。发个通知，当政治局委员、军委委员。政治局是管全部的，党政军民学，东西南北中。我想政治局添一个秘书长吧，你（指邓小平）不要这个名义，那就当个参谋长吧。”①

次日上午，邓小平出席毛泽东主持召开的有部分中共中央政治局委员和北京军区、沈阳军区、济南军区、武汉军区主要负责人参加的中共中央政治局扩大会议。会上，毛泽东向大家介绍邓小平说：“我们现在请了一位总参谋长。他呢，有些人怕他，但是办事比较果断。他一生大概是三七开。你们的老上司，我请回来了，政治局请回来了，不是我一个人请回来的。”②

毛泽东对邓小平说：“你呢，人家有点怕你，我送你两句话：柔中有刚，绵里藏针；外面和气一点，内部是钢铁公司。”③

毛泽东历来对中央党政军领导成员要求严格，很少予以高度评价。因此，毛泽东对邓小平的评价殊为难得，尤其是评价邓小平“柔中有刚，绵里藏针；外面和气一点，内部是钢铁公司”，一语中的，入木三分。这个评价既说明了邓小平待人和气、与人为善的个性，又展示了邓小平意志坚定、政治能力强的特质。

“疾风知劲草，板荡识诚臣。”毛泽东评价邓小平“柔中有刚，绵里藏针；

① 中共中央文献研究室：《邓小平年谱（1904—1974）》下卷，中央文献出版社，2009 年，第 1991 页。
② 中共中央文献研究室：《邓小平年谱（1904—1974）》下卷，中央文献出版社，2009 年，第 1992 页。
③ 中共中央文献研究室：《邓小平年谱（1904—1974）》下卷，中央文献出版社，2009 年，第 1992 页。

外面和气一点，内部是钢铁公司"，是为推出邓小平担任中共中央副主席、国务院第一副总理、中央军委副主席兼中国人民解放军总参谋长，制造舆论，创造条件，奠定基础。

开展全面整顿

复出后的邓小平雷厉风行领导开展全面整顿。

根据毛泽东的提议，1973 年 12 月 22 日，中共中央决定，邓小平任中央政治局委员、中央军委委员，参加中央党政军领导工作。

根据毛泽东提名，1974 年 4 月，国务院副总理邓小平率领中华人民共和国代表团出席联合国第六届特别会议。这是中华人民共和国领导人第一次出席联合国会议。邓小平代表中国政府在联合国讲坛上系统阐述毛泽东关于"三个世界划分"的战略思想，在世界上产生重大影响。

随后，在毛泽东、周恩来病重情况下，根据毛泽东的战略决策，1975年由邓小平任中共中央副主席、国务院第一副总理、中央军委副主席兼中国人民解放军总参谋长，主持中央党政军日常工作。

邓小平迅速领导开展对全国各个方面的全面整顿，大见成效，得到全党全军全国人民热烈拥护，奠定彻底粉碎"四人帮"的重要基础。

《关于建国以来党的若干历史问题的决议》指出："1975 年，周恩来同志病重，邓小平同志在毛泽东同志支持下主持中央日常工作，召开了军委扩大会议和解决工业、农业、交通、科技等方面问题的一系列重要会议，着手对许多方面的工作进行整顿，使形势有了明显好转。"[1]

"同年（1976 年——作者注）4 月间，在全国范围内掀起了以天安门事

---

① 《关于建国以来党的若干历史问题的决议》，《人民日报》1981 年 7 月 1 日。

件为代表的悼念周总理、反对'四人帮'的强大抗议运动。这个运动实际上是拥护以邓小平同志为代表的党的正确领导，它为后来粉碎江青反革命集团奠定了伟大的群众基础。"① 这是历史的结论。

总结历史经验砥砺前行

邓小平"三落三起""愈挫愈奋"，知难而进，斗志昂扬。

1976年10月6日，中共中央对"四人帮"采取隔离审查的断然措施。党的十届三中全会决定恢复邓小平一切职务。

邓小平首先表示："全会决定恢复我的工作，作为一名老共产党员，还能在不多的余年里为党为国家为人民做一点力所能及的事情，在我个人来说是高兴的，我感谢全会的信任。"

接着，邓小平直言不讳地说："粉碎了'四人帮'，我实在高兴。我现在七十三岁了，想再活二十年到三十年，但自然规律不以人们的意志为转移。外国通讯社讲我七十四岁，给我加了一岁，实际是七十三岁。现在我的身体还好，'零件'都还健全，还可以做几年工作。"

最后，邓小平义无反顾地表示："坦率地说，我自己也考虑了一下，出来工作，可以有两种态度，一个是做官，一个是做点工作。我想，谁叫你当共产党人呢，既然当了，就不能够做官，不能够有私心杂念，不能够有别的选择，应该老老实实地履行党员的责任，听从党的安排。"②

从恢复工作到逝世，整整20年，邓小平领导全党全国人民披荆斩棘、砥砺前行，成功开辟了中国特色社会主义道路。

理论是实践的先导。列宁于1897年在《俄国社会民主主义者的任务》

---

① 《关于建国以来党的若干历史问题的决议》，《人民日报》1981年7月1日。
② 《壮丽人生》第3卷，中国出版集团华文出版社，2014年，第69—70页。

中写道："早已有人说过，没有革命的理论，就不会有革命的运动，而现在未必有再来证明这个真理的必要。"① 邓小平为了推动改革开放和社会主义现代化建设顺利进行，在党的十二大上正式提出，"把马克思主义的普遍真理同我国的具体实践结合起来，走自己的道路，建设有中国特色的社会主义，这就是我们总结长期历史经验得出的基本结论"②。邓小平始终站在时代要求、国家发展、人民期待的高度，同中央领导集体一起，领导中国共产党作出一系列重大决策，把改革开放和社会主义现代化建设的伟大事业胜利推向前进。

邓小平指导全党系统总结新中国成立以来的历史经验，解决了科学评价毛泽东的历史地位和毛泽东思想的科学体系、根据新的实际和发展要求确立中国社会主义现代化建设的正确道路这样两个相互联系的重大历史课题，彻底否定"文化大革命"的错误实践和理论，坚决顶住否定毛泽东和毛泽东思想的错误思潮，为党和国家发展确定了正确方向。邓小平紧紧抓住"什么是社会主义、怎样建设社会主义"这个基本问题，响亮提出"走自己的道路，建设有中国特色的社会主义"的伟大号召，领导全党在新中国成立以来革命和建设实践的基础上，成功走出了一条中国特色社会主义新道路。邓小平强调必须坚持以经济建设为中心，坚持四项基本原则，坚持改革开放，领导制定社会主义初级阶段基本路线。邓小平指导全党正确认识中国所处的发展阶段和根本任务，制定了现代化建设"三步走"发展战略。

邓小平突出强调"改革是中国的第二次革命"，领导有步骤地展开各方面体制改革，勇敢打开对外开放大门。邓小平反复强调"两手抓、两手都要硬"，必须抓好社会主义精神文明建设和民主法制建设，实现社会全面进步。邓小平创造性提出"一国两制"科学构想，指导实现香港、澳门平稳过渡和

---

① 《列宁选集》第 1 卷，人民出版社，2012 年，第 109 页。
② 《邓小平文选》第 3 卷，人民出版社，1993 年，第 3 页。

顺利回归，推动海峡两岸关系打开新局面。邓小平明确提出"和平与发展是当代世界的两大问题"，领导党和国家及时调整各方面政策，为改革开放和社会主义现代化建设创造了难得历史机遇和良好外部环境。邓小平强调，加强党的领导必须改善党的领导，必须聚精会神抓党的建设，使党的建设充满新的生机与活力。2000 年，美国哥伦比亚广播公司主持人华莱士采访江泽民时，问道："有些人说你成功的原因是'绵里藏针'。这是你成功的秘诀吗？"江泽民回答："在中国，这是对别人的赞誉之词。我们的前任领导人邓小平也获得了这样的评价。"

邓小平的这些重大思想理论和实践，使 20 世纪的中国又一次发生天翻地覆的变化，为中国发展成为世界第二大经济体打下了坚实的基础。中华民族昂首挺胸赶上了世界发展潮流。习近平总书记指出："邓小平同志对党和人民的贡献，是历史性的，也是世界性的。正是由于有邓小平同志的卓越领导，正是由于有邓小平同志大力倡导和全力推进的改革开放，中国特色社会主义才能欣欣向荣，中国人民才能过上小康生活，中华民族和中华人民共和国才能以新的姿态屹立于世界东方。"①

---

① 习近平：《在纪念邓小平同志诞辰 110 周年座谈会上的讲话》，《人民日报》2014 年 8 月 21 日。

三

做个"实事求是派"

中华优秀传统文化源远流长，博大精深；著名典籍浩如烟海，汗牛充栋。其中微言大义、内涵深邃、寓意丰富的成语、典故、寓言、故事，犹如星汉灿烂，不可胜数。这既是中华文明的瑰宝，也是人类文明的宝藏。解放思想就是中华优秀传统文化的重要内容。《周易》写道："天行健，君子以自强不息；地势坤，君子以厚德载物。"其中就蕴含着世界上万事万物不断发展变化、人类要适应这种发展变化才能顺利前进的含义。这种适应就要求解放思想而不是束缚自己的思想。进入新时代，习近平总书记指出："解放思想是前提，是解放和发展社会生产力、解放和增强社会活力的总开关。没有解放思想，我们党就不可能在十年动乱结束不久作出把党和国家工作中心转移到经济建设上来、实行改革开放的历史性决策，开启我国发展的历史新时期；没有解放思想，我们党就不可能在实践中不断推进理论创新和实践创新，有效化解前进道路上的各种风险挑战，把改革开放不断推向前进，始终走在时代前列。"①

---

① 习近平：《切实把思想统一到党的十八届三中全会精神上来》，《求是》2014 年第 1 期。

实事求是已成为中华民族的重要基因

"实事求是"最早来源于中国古代典籍《二十四史》。东汉班固在《汉书·河间献王刘德传》里写道："修学好古，实事求是。"

但是，中国古代强调的"实事求是"实际上只是一种研究学问的治学方法。唐朝颜师古注释"实事求是"时，将其界定为"务得事实，每求真是也"。就是说，根据古代经典书籍和历史材料去研究探索思想精义，即实事求是的治学方法。

近代以降，"实事求是"作为中华传统优秀文化的重要基因，愈益得到重视和传播。

湖南湘乡东山学堂是毛泽东早年读书的地方。该校章程中明确写着："穷则变通，苟非实事以求是，即物而穷理，恐书院究成虚设，何以造就人才？"浙江 1897 年创办的求是书院（浙江大学前身）则提倡"务求实学，存是去非"。1914 年，天津北洋大学将"实事求是"立为校训。1917 年，湖南公立工业高等专门学校（湖南大学前身之一）迁入岳麓书院，校长宾步程为该校题写"实事求是"的匾额。新民主主义革命时期，毛泽东将"实事求是"确立为中国共产党的思想路线。

由此可见，"实事求是"作为中华优秀传统文化的重要内容已成为中华民族的重要基因，代代相传。

改革开放和社会主义现代化建设新时期，邓小平多次深刻阐述"实事求是"，认为"实事求是是马克思主义的精髓"[①]。

党的十二大正式将"实事求是"作为中国共产党的思想路线载入党章。

---

① 《邓小平文选》第 3 卷，人民出版社，1994 年，第 382 页。

实现四个现代化同样要靠实事求是

中国实行改革开放首先需要解决思想路线问题。1978 年 11 月，中央工作会议期间，邓小平亲拟了闭幕会上的讲话提纲，首先是"对会议评价"，然后列出七个方面的问题：一、解放思想，开动机器；二、发扬民主，加强法制；三、向后看是为的向前看；四、克服官僚主义、人浮于事；五、允许一部分先好起来；六、加强责任制，搞几定；七、新的问题。

邓小平亲拟提纲后，召集有关同志商谈起草讲话稿问题。按照这个提纲，他谈了讲话稿所要写的几个部分的问题，对需要阐明的思想、观点、方针、政策作了进一步阐述。然后，邓小平就讲话稿的题目问题，问道：这个题目好不好？大家都认为很好，题目很新鲜。于是，邓小平亲自主持起草了讲话稿。

在中央工作会议闭幕会上，邓小平作了《解放思想，实事求是，团结一致向前看》的重要讲话。邓小平首先指出：

一是这次会议解决了全党的工作重心转移问题，"中央提出了把全党工作的重心转到实现四个现代化上来的根本指导方针，解决了过去遗留下来的一系列重大问题。"

二是"这次会议开得很好，很成功。"

三是"这次会议讨论和解决了许多有关党和国家命运的重大问题。"

然后，邓小平围绕"解放思想，实事求是，团结一致向前看"的主题，阐述了长期深思熟虑形成的一系列关于改革开放和社会主义现代化建设的基本思想。

第一，改革开放和社会主义现代化建设必须解放思想。邓小平认为，"解放思想是当前的一个重大政治问题"。要求全党要坚持马克思主义的实事求是思想路线。他指出："解放思想，开动脑筋，实事求是，团结一致向前看，首先是解放思想。只有思想解放了，我们才能正确地以马列主义、毛泽东思想为指导，解决过去遗留的问题，解决新出现的一系列问题，正确地改革同生产力迅速发展不相适应的生产关系和上层建筑，根据我国的实际情况，确定实现四个现代化的具体道路、方针、方法和措施。"他强调："实事求是，是无产阶级世界观的基础，是马克思主义的思想基础。过去我们搞革命所取得的一切胜利，是靠实事求是；现在我们要实现四个现代化，同样要靠实事求是。不但中央、省委、地委、县委、公社党委，就是一个工厂、一个机关、一个学校、一个商店、一个生产队，也都要实事求是，都要解放思想，开动脑筋想问题、办事情。"

第二，为了尽快把我国的经济建设搞上去，不仅要发扬政治民主，还要发扬经济民主。他说："当前最迫切的是扩大厂矿企业和生产队的自主权，使每一个工厂和生产队能够千方百计地发挥主动创造精神。"

第三，"必须使民主制度化、法律化"。邓小平指出："为了保障人民民主，必须加强法制。必须使民主制度化、法律化，使这种制度和法律，不因领导人的改变而改变，不因领导人的看法和注意力的改变而改变。"他说："应该集中力量制定刑法、民法、诉讼法和其他各种必要的法律，例如工厂法、人民公社法、森林法、草原法、环境保护法、劳动法、外国人投资法等等，经过一定的民主程序讨论通过，并且加强检察机关和司法机关，做到有法可依，有法必依，执法必严，违法必究。"

第四，在新的历史条件下"研究新情况，解决新问题"。邓小平说，要向前看，就要及时地研究新情况和解决新问题。尤其要注意研究和解决管理方法、管理制度、经济政策这三方面的问题。

第五，"如果现在再不实行改革，我们的现代化事业和社会主义事业就会被葬送。"

第六，"要学会用经济方法管理经济"。邓小平认为，自己不懂就要向懂行的人学习，向外国的先进管理方法学习。他说，看一个经济部门的党委善不善于领导，领导得好不好，应该主要看这个经济部门实行了先进的管理方法没有，技术革新进行得怎么样，劳动生产率提高了多少，利润增长了多少，劳动者的个人收入和集体福利增加了多少。离开这个主要的内容，政治就变成空头政治，就离开了党和人民的最大利益。

第七，"当前要特别注意加强责任制"。邓小平指出，列宁说过，"借口集体领导而无人负责，是最危险的祸害"。他强调，任何一项任务、一个建设项目，都要实行定任务、定人员、定数量、定质量、定时间等几定制度。在实行党委领导下的厂长负责制的时候，要切实做到职责分明。

第八，邓小平提出了要允许一部分地区、一部分企业、一部分工人农民收入先多一些、生活先好起来的观点。邓小平指出，一部分人生活先好起来，就必然产生极大的示范力量，影响左邻右舍，带动其他地区、其他单位的人们向他们学习。这样，就会使整个国民经济不断地波浪式地向前发展，使全国各族人民都能比较快地富裕起来。①

邓小平的重要讲话既是对中央工作会议的总结，又为党的十一届三中全会提供了指导思想，论述了中国实行改革开放和社会主义现代化建设需要解决的一系列基本问题，成为开辟中国特色社会主义道路的政治宣言书，标志着邓小平理论的形成。

邓小平提出中国实行改革开放震撼了世界。1978年12月的法国《观点》杂志把邓小平列为当年新闻人物，并将邓小平称为"不倒的第二号人物，不倒的重返政坛的人"②。1979年1月上旬，邓小平被美国《时代》周刊评为"1978年度世界风云人物"。该刊1979年第1期"序言"指出："一个崭新中

---

① 邓小平讲话内容参见：《邓小平文选》第2卷，人民出版社，1994年，第140—152页。
② 《参考消息》1978年12月25日。

国的梦想者——邓小平向世界打开了'中央之国'的大门。这是人类历史上气势恢宏、绝无仅有的一个壮举！"

重新确立解放思想、实事求是的思想路线

按照邓小平阐述的"解放思想，实事求是，团结一致向前看"精神，接着举行党的十一届三中全会。这次全会结束了 1976 年 10 月以来党的工作在徘徊中前进的局面，开始全面地认真地纠正"文化大革命"中及其以前的"左"倾错误。其主要成果是：坚决批判了"两个凡是"的错误方针，充分肯定了必须完整地、准确地掌握毛泽东思想的科学体系；高度评价了关于真理标准问题的讨论，确定了解放思想、开动脑筋、实事求是、团结一致向前看的指导方针；果断地停止使用"以阶级斗争为纲"这个不适用于社会主义社会的口号，作出了把工作重点转移到社会主义现代化建设上来的战略决策；提出了要注意解决好国民经济重大比例严重失调的要求，制订了关于加快农业发展的决定；着重提出了健全社会主义民主和加强社会主义法制的任务；审查和解决了党的历史上一批重大冤假错案和一些重要领导人的功过是非问题；增选了中央领导机构的成员。这些在领导工作中具有重大意义的转变，标志着中国共产党重新确立了马克思主义的思想路线、政治路线和组织路线。①

改革开放新时期，邓小平成为中国共产党第二代中央领导集体的核心，为开创中国特色社会主义作出历史性贡献。习近平总书记指出："'文化大革命'结束，'中国向何处去'又成为摆在中国人民面前头等重要的问题。邓小平同志以他的远见卓识、丰富政治经验、高超领导艺术，强调实事求是

---

① 参见：《关于建国以来党的若干历史问题的决议》，《人民日报》1981 年 7 月 1 日。

是毛泽东思想的精髓，旗帜鲜明反对'两个凡是'的错误观点，支持和领导开展真理标准问题的讨论，推动进行各方面的拨乱反正。在邓小平同志指导下，1978年12月召开的党的十一届三中全会，重新确立了解放思想、实事求是的思想路线，停止使用'以阶级斗争为纲'的错误提法，确定把全党工作的着重点转移到社会主义现代化建设上来，作出实行改革开放的重大决策，实现了党的历史上具有深远意义的伟大转折。"①

改革开放新时期，邓小平更加强调坚持实事求是、坚持彻底的求真务实精神。

他说："我读的书并不多，就是一条，相信毛主席讲的实事求是。过去我们打仗靠这个，现在搞建设、搞改革也靠这个。"②

他强调，要把是否有利于发展社会主义社会的生产力、是否有利于增强社会主义国家的综合国力、是否有利于提高人民的生活水平作为判断一切工作是非得失的标准③。

改革开放过程中，面对纷繁复杂的各种问题，邓小平一贯坚持中国共产党实事求是的思想路线，坚持一切从实际出发，常说自己是"实事求是派"，反复强调"拿事实来说话"。

他说："实事求是是马克思主义的精髓。要提倡这个，不要提倡本本。我们改革开放的成功，不是靠本本，而是靠实践，靠实事求是。"④

邓小平理论与实践证明，他是一位高瞻远瞩的思想家、政治家、战略家，也是一位求实、务实、踏实的实干家。

在纪念邓小平同志诞辰110周年座谈会上，习近平总书记指出："我们纪

---

① 习近平：《在纪念邓小平同志诞辰110周年座谈会上的讲话》，《人民日报》2014年8月21日。
② 《邓小平文选》第3卷，人民出版社，1993年，第382页。
③ 《邓小平文选》第3卷，人民出版社，1994年，第372页。
④ 《邓小平文选》第3卷，人民出版社，1994年，第382页。

念邓小平同志，就要学习他始终坚持实事求是的理论品质。实事求是，是邓小平同志一生最重要的思想特点，也永远是中国共产党人应该遵循的思想方法。"①

2012 年 5 月 16 日，习近平总书记在中央党校发表《坚持实事求是的思想路线》的重要讲话，专门系统阐述实事求是问题。他认为，"我们党是靠实事求是起家和兴旺发展起来的"，"坚持实事求是，就能兴党兴国；违背实事求是，就会误党误国"。②

2020 年 9 月 17 日，习近平总书记在岳麓书院"实事求是"匾额前提出中国共产党实事求是思想路线策源地的命题。

历史证明，坚持实事求是贯穿百年大党领导革命、建设和改革的奋斗历程，是中国共产党集体智慧的结晶。

① 习近平：《在纪念邓小平同志诞辰110周年座谈会上的讲话》，《人民日报》2014年8月21日。
② 习近平：《坚持实事求是的思想路线》，《学习时报》2012年5月28日。

四

革故鼎新、改革开放

"革故鼎新"体现了古人除旧布新、守常求变的思想意识。千百年来，革故鼎新作为中华文明发展的内在动力之一，已经注入中华民族的思想基因里，融入中国历史和现实的发展进程中，成为中华文明永恒的精神气质。百年来，中国共产党善于革故鼎新，尤其是党的十一届三中全会实现社会主义时期伟大历史转折，开启中国改革开放的历史性进程。

中华民族自古以来就有革故鼎新的理念和优良传统

中华民族之所以能够 5000 多年长盛不衰，绵延不绝，蓬勃兴旺，持续发展，日新月异，其中一个重要原因就是革故鼎新。

中华优秀传统文化的古老著作《周易·杂卦》中写道："革，去故也，鼎，取新也。"中华民族第一部诗歌总集《诗经·大雅》中写道："周虽旧邦，其命维新。"中华优秀传统文化的名著《礼记·大学》中写道："汤之《盘铭》曰：苟日新，日日新，又日新。《康诰》曰：作新民。《诗》曰：周虽旧邦，其命维新。是故君子无所不用其极。"

上述经典著作关于求新、创新的论述，鲜明地展现了中华民族自古以来就有革故鼎新的理念。

从哲学意义上讲，"革故"与"鼎新"，是世界上一切事物发展变化过程中不可分割的两个重要过程。"革故"是"鼎新"的前提，"鼎新"是"革故"的结果。"革故"是革除旧的事物，"鼎新"则要求"后来居上""青出于蓝而胜于蓝"。

西汉文学家扬雄在《太玄·玄摛》中写道：

> 因而循之，与道神之，革而化之，与时宜之。故因而能革，天道乃得；革而能因，天道乃驯。

唐代吕岩在《吕子易说》中认为，革故鼎新指革除旧的事物，建立新的事物。

> 必有信下之志而后改上之命，则命无不行，而革故鼎新之治成矣。

宋代石介在《上郭殿院书》中写道：

> 皇帝始亲决万机，革故鼎新。

《水浒传》第八十回写道：

> 毋犯雷霆，当效革故鼎新之意。

清代黄图珌在《苏岭募葺广福庵引》中写道：

> 第开创年久，不无倾圮，于是求诸施者，欲图革旧鼎新。

可见，中国古代已经认识到，革故鼎新反映了世界上一切事物发展变化的基本规律；革故鼎新阐发了新事物与旧事物的更替，新事物是在旧事物基础上发展变化的结果。中华民族数千年来，历朝历代口口相传，男女老少尽人皆知的俗语"旧的不去，新的不来"，实质上表达的也是革故鼎新之意。

革故鼎新是中华民族的优良传统。早在公元前1600年，商朝开国皇帝成汤就把"苟日新，日日新，又日新"刻在器皿上。其目的就是时刻提醒自己，不断创新。古代中国屡屡出现"管仲改革""商鞅变法""北魏孝文帝改革""王安石变法""张居正改革"等，史不绝书。王安石提出的"天变不足畏""祖宗不足法""人言不足恤"，已具有古代朴素唯物主义思想的特质。从古代"管仲改革"到近代"戊戌变法"等，其宗旨都是期望通过革新内政，改革军制，发展经济，增强国力，达到使中华民族强盛的目的。

从《诗经·大雅》"周虽旧邦，其命维新"到改革开放开创中国特色社会主义道路，革故鼎新已成为中华民族的历史基因。历史一再证明，中华民族是具有革故鼎新意识和与时偕行精神的民族。

改革开放是又一次的伟大革命

邓小平总结了中国古代社会盛衰成败的经验教训，深刻指出："因为现在任何国家要发达起来，闭关自守都不可能。我们吃过这个苦头，我们的老祖宗吃过这个苦头。恐怕明朝明成祖时候，郑和下西洋还算是开放的。明成祖死后，明朝逐渐衰落。以后清朝康乾时代，不能说是开放。如果从明朝中叶算起，到鸦片战争，有三百多年的闭关自守，如果从康熙算起，也有近二百年。长期闭关自守，把中国搞得贫穷落后，愚昧无知。中华人民共和国建立以后，第一个五年计划时期是对外开放的，不过那时只能是对苏联东欧开放。以后关起门来，成就也有一些，总的来说没有多大发展。当然这有内外许多因素，包括我们的错误。历史经验教训说明，不开放不行，开放伤害不了我们。"①

党的十一届三中全会实现伟大历史转折，开启中国改革开放的历史性进程。从此，中国迈上改革开放的"金光大道"。然而，实行改革开放，马克思主义著作没有论述，前人没有先例，国际共产主义运动史上没有这方面的理论与实践。这就需要中国共产党人在改革开放中探索新路。对此，邓小平指出："我们现在所干的事业是一项新事业，马克思没有讲过，我们的前人没有做过，其他社会主义国家也没有干过，所以，没有现成的经验可学。我们只能在干中学，在实践中摸索。我们现在所干的事业，就是努力把中国变成一个现代化的社会主义国家。"②

从 20 世纪 70 年代末开始，改革开放成为中华民族最大共识。对内改革与对外开放密不可分。对此，邓小平指出："要尊重社会经济发展规律，搞两个开放，一个对外开放，一个对内开放。对外开放具有重要意义，任何一个国家要发展，孤立起来，闭关自守是不可能的，不加强国际交往，不引进发达国家的先进经验、先进科学技术和资金，是不可能的。对内开放就是改革。改革是全面的改革，不仅经济、政治，还包括科技、教育等各行各业。"③

改革开放极大地激发了中国人民创造美好幸福生活的积极性、主动性和创造性。

对外开放大潮滚滚，经济特区率先垂范。邓小平指出："对办特区，从一开始就有不同意见，担心是不是搞资本主义。深圳的建设成就，明确回答了那些有这样那样担心的人。特区姓'社'不姓'资'。"④经济特区犹如"第一个吃螃蟹的人"。

---

① 《邓小平文选》第 3 卷，人民出版社，1993 年，第 90 页。
② 《邓小平文选》第 3 卷，人民出版社，1993 年，第 258—259 页。
③ 《邓小平文选》第 3 卷，人民出版社，1993 年，第 117 页。
④ 《邓小平文选》第 3 卷，人民出版社，1993 年，第 372 页。

有了经济特区的成功经验，经济体制改革、教育体制改革、科技体制改革、卫生体制改革、国防和军队体制改革，以及其他各个领域的改革，阔步向前。

党的十二大提出全面开创社会主义现代化新局面，党的十三大确立中国共产党"以经济建设为中心，坚持四项基本原则，坚持改革开放"的社会主义初级阶段基本路线。中国通过改革开放大踏步赶上了世界发展潮流。

改革开放极大地改变了中国共产党的面貌、中国人民的面貌和中华民族的面貌。中国迅速发展成为世界第二大经济体。

五

捉住老鼠就是好猫

中华优秀传统文化名著《聊斋志异》中写道："黄狸黑狸，得鼠者雄！"狸者，猫也，其含义是："黄猫黑猫，抓住老鼠就是好猫。"邓小平夫人卓琳曾说过，邓小平休闲的时候经常阅读《聊斋志异》，不仅在北京休闲时阅读，外出也要让工作人员将《聊斋志异》的部分内容做成活页，以便休闲时阅读。四川人有俗语"黄猫、黑猫，只要捉住老鼠就是好猫"。"黄狸黑狸，得鼠者雄"在 20 世纪 60 年代被译为白话文而广为人知，并与 20 世纪 70 年代末期开始的中国农村改革联系到一起。

尊重人民群众的首创精神

中国是一个农业大国，农业问题直接关系到十多亿人口的吃饭问题。中国共产党历来重视农村问题和农民问题。

中华人民共和国成立初期，立即进行土地改革。广大翻身农民传诵着"土地回老家，合理又合法"的歌谣，投入农业生产，农村呈现政通人和、粮食丰收的景象。

但是，20 世纪 50 年代后期的人民公社化运动，在脱离农村生产力发展水平情况下急剧变革生产关系，造成严重后果。20 世纪 60 年代初期，由于人民公社体制严重束缚农村生产力发展、严重压抑人民群众的生产积极性，部分地区出现严重困难。为了渡过难关，安徽等地的农村搞起了"责任制"，一般称为"包产到户"。农村广大干部、群众认为，"'包产到户'是救命政策"，符合农村现状；而一部分人却认为，"'包产到户'是自发资本主义倾向"，必须批判。

在中共第一代领导集体中，邓小平最早提出了农村改革思路——尊重人民群众的首创精神。

1962年7月7日，邓小平明确指出：生产关系究竟以什么形式为最好，恐怕要采取这样一种态度，就是哪种形式在哪个地方能够比较容易比较快地恢复和发展农业生产，就采取哪种形式；群众愿意采取哪种形式，就应该采取哪种形式，不合法的使它合法起来。这都是些初步意见，还没有作最后决定，以后可能不算数。刘伯承同志经常讲一句四川话："黄猫、黑猫，只要捉住老鼠就是好猫。"这是说的打仗。我们之所以能够打败蒋介石，就是不讲老规矩，不按老路子打，一切看情况，打赢算数。现在要恢复农业生产，也要看情况，就是在生产关系上不能完全采取一种固定不变的形式，看用哪种形式能够调动群众的积极性就采用哪种形式。①

邓小平的讲话实质上是中国农村改革先声。他鲜明地指出了农村出现困难局面的症结所在，强调要尊重人民群众的首创精神，支持"包产到户"和"责任到田"；在农村生产方式问题上"黄猫、黑猫，只要捉住老鼠就是好猫"，其实质是农村生产方式如何变革由农民群众说了算。

邓小平的讲话在全国产生极大的震撼力和冲击波。"黄猫、黑猫，只要捉住老鼠就是好猫"的精辟论述，通俗易懂，鞭辟入里，生动好记，符合广大农民群众的愿望，一时传遍全国。在人们口口相传的过程中，邓小平的话

---

① 《邓小平文选》第1卷，人民出版社，1994年，第323—324页。

变成了"不管黑猫、白猫，只要捉住老鼠就是好猫"。

列宁认为："生气勃勃的创造性的社会主义是由人民群众自己创立的。"[1]
从 1956 年至 1978 年，"包产到户"在中国农村"三起三落"，足见其顽强的
生命力和历史的必然性。

从"包产到户"到"小岗变法"

20 世纪 70 年代中期，人民公社制体制严重束缚广大农民发展生产的积
极性和创造性，严重束缚农村生产力的发展。

粉碎"四人帮"后，万里主持安徽工作，经过深入调查研究，为改变安
徽农村的落后面貌，以实事求是精神，主持安徽省委下发了《关于当前农村
经济政策几个问题的规定》（"省委六条"）。其主要内容是，尊重生产队的
自主权，坚持按劳分配原则，减轻生产队和人民公社社员负担，允许和鼓励
人民公社社员保有自留地和开展正当的家庭副业，生产队可以根据不同农活
建立不同的生产责任制，也可以责任到人。

在"省委六条"推动下，1978 年夏季，安徽省肥西县出现百年不遇的
大旱时，县委大胆实行"特殊政策"，允许把人民公社的一部分土地分给农
民"借地度荒""种保命粮"。肥西县山南镇小井庄村率先实行"包产到户"，
并很快在附近 10 万农户中蔓延开来。但是，各种各样的阻力同时产生，对
"包产到户"众说纷纭，莫衷一是。万里坚持"实践第一"、坚持让实践说话，
两次到江淮地区丘陵之间偏僻的小井庄村，主持召开全国农村第一次"包产
到户"座谈会，给予充分肯定。

"穷则思变""变则畅通"。改革就意味着对旧事物的否定，因此改革必

---

① 《列宁全集》（第 2 版）第 33 卷，第 53 页。

然伴随着争议。古今中外，概莫能外。这时，"小岗变法"应运而生。

1978 年前的小岗村是安徽省凤阳县有名的"吃粮靠返销、用钱靠救济、生产靠贷款"的"三靠村"。全村 20 户农民中的成年男性大都当过生产队干部，"算盘响，换队长"已成为小岗村特有的规律。1977 年底，小岗村社员已是一无所有，"不论户大户小，户户外流"。面对这种严重状况，绝大多数人并未认识到问题的症结在于人民公社体制问题，而认为主要在于"经营管理"和某些政策及干部作风问题。

1978 年 11 月 24 日，安徽省凤阳县小岗村生产队 18 户农民举行秘密会议，做出"分田单干，包产到户"决定。当时，这是一个危险的举动。为此，小岗村 18 户农民用中国传统方式起草契约："我们分田到户，每户户主签字盖章，如以后能干，保证完成每户的全年上缴和公粮，不再向国家伸手要钱要粮；如果不成，我们干部坐牢杀头也甘心。大家社员也保证，把我们的小孩养活到十八岁。"然后，每个人在"契约"上郑重摁下自己的手印。这一举动使小岗成为中国农村改革的发源地，进而开启中国波澜壮阔的改革开放大潮。

"小岗变法"的实质用小岗村农民的话来说就是："交足国家的，留够集体的，剩下都是自己的。"

由此可见，小岗村农民仍然将国家利益放在第一位。这就是中国农民的精神境界。

"小岗变法"不胫而走，很快引发极大争议。万里坚决站在农民一边，对"小岗变法"坚决支持。当时，万里曾与一位同志发生过争论。

这位同志说："包干到户，不同于田间管理责任制，没有统一经营，不符合社会主义所有制的性质，不宜普遍推广。"

万里问道："包干到户，是群众要求。群众不过是为了吃饱肚子，有什么不符合社会主义的，为什么不可行？"

对方说："它偏离了社会主义方向，不是走共同富裕道路。"

万里问："社会主义和人民群众，你要什么？"

对方答："我要社会主义。"

万里说："我要群众。"

局部地区农村改革的成功经验，推动着农村改革的发展。1978年中央工作会议上，许多同志提出了农村改革的迫切性和必要性等问题。中央工作会议和党的十一届三中全会总结新中国成立以来农业问题的经验教训，原则同意《中共中央关于加快农业发展若干问题的决定（草案）》和《农村人民公社工作条例（试行草案）》。会后，《人民日报》报道了四川省广汉县、贵州省开阳县、云南省元谋县、安徽省和广东省普遍实行农业生产责任制的情况。与此同时，全国其他地区也陆续实行了各种形式的农业生产责任制。

马克思主义认为人民群众是历史的创造者。中国农村改革的成功经验充分证明了这一点。

1980年5月31日，邓小平明确指出："农村政策放宽以后，一些适宜搞包产到户的地方搞了包产到户，效果很好，变化很快。安徽肥西县绝大多数生产队搞了包产到户，增产幅度很大。'凤阳花鼓'中唱的那个凤阳县，绝大多数生产队搞了大包干，也是一年翻身，改变面貌。有的同志担心，这样搞会不会影响集体经济。我看这种担心是不必要的。"[1]

邓小平的讲话给中国农民吃了"定心丸"，对打破一些人的思想僵化、促进方兴未艾的农村改革产生了重要作用。

---

[1]　《邓小平文选》第2卷，人民出版社，1994年，第315页。

农村改革犹如"星火燎原"

每当农村改革到关键时刻，邓小平总是旗帜鲜明地大力支持。1981年8月，他明确肯定"包产到户"的性质："'包产到户'是社会主义制度下责任制的一种形式，没有剥削，没有违背集体所有的原则，可以调动人民的积极性，体现了按劳分配的社会主义原则，有利于发展社会主义经济，不是搞资本主义。"①1981年12月21日，中共中央政治局会议通过《全国农村工作会议纪要》，1982年1月1日，作为中共中央"一号文件"下发全党，第一次正式肯定"包产到户""包干到户"等农业生产责任制的社会主义性质，得到农民热烈拥护。到1981年年底，全国农村有90%以上的生产队建立了不同形式的农业生产责任制。1983年，中共中央1号文件正式确立"家庭联产承包责任制"作为农村改革的一项战略决策。

在以邓小平同志为核心的党的第二代中央领导集体的坚强领导下，中共中央从1982年开始，连续五年出台五个关于农村问题的"一号文件"，有力地推动了农村改革的深入发展。在改革开放时代大潮推动下，农村改革犹如"星火燎原"，由点到面，迅猛展开，创造了举世瞩目的奇迹，彻底解决了困扰中华民族数千年的"吃饭问题"。这是中国特色社会主义对中华民族的伟大贡献，也是对整个人类的伟大贡献。

2016年4月，习近平总书记来到小岗村了解18户村民按下红手印签订大包干契约的情景。他感慨地说："当年贴着身家性命干的事，变成中国改革的一声惊雷，成为中国改革的标志。"

①　中共中央文献研究室：《邓小平年谱（1975—1997）》下卷，中央文献出版社，2004年，第764页。

六

从执政为民到以德治国

江泽民从小受到爱国主义思想和民主革命思想的启蒙，同时在诗书世家的氛围中深受中华优秀传统文化的熏陶。江泽民早年就读于扬州东关小学和扬州中学。在扬州中学求学期间，家乡被日本侵略军占领，他常去梅花岭明代爱国名将史可法墓凭吊，吟诵史公祠的楹联"数点梅花亡国泪，二分明月故臣心"，抒发悲愤心情。江泽民一贯好学深思，知识渊博，具有中华优秀传统文化的深厚积淀。在《江泽民文选》一至三卷的 203 篇文章中，共引用160 余处典故。[①] 其中包括诗词歌赋、散文名句、戏曲小说、历史故事、圣贤著述、民间谚语等。这些中华优秀传统文化的精髓，充满历史智慧，寓意深邃、启迪思维，阐述问题、启发干部。

立党为公、执政为民

关于确立立党为公、执政为民的执政理念，江泽民用一系列古典名言启迪党员干部思维。江泽民多次运用范仲淹《岳阳楼记》的"先天下之忧而忧，后天下之乐而乐"来阐发共产党人的执政理念。1997 年 1 月，在中央纪委

---

① 李福祥：《弘扬祖国优秀传统文化的光辉典范——学习〈江泽民文选〉的体会》，《前线》2007 年第 3 期。

第八次全会上，江泽民指出："共产党员、领导干部应该有吃苦在前、享受在后的自觉性和高尚情操。宋朝范仲淹写的《岳阳楼记》还讲'先天下之忧而忧，后天下之乐而乐'嘛！"① 在省部级主要领导干部金融研究班上，江泽民再次引用"先天下之忧而忧，后天下之乐而乐"来要求领导干部，同时引用了"富贵不能淫，贫贱不能移，威武不能屈""业精于勤，荒于嬉；行成于思，毁于随""天下兴亡，匹夫有责""修身齐家治国平天下""吾日三省吾身"② 等一系列名人名言。他强调，这些"都是古人留下的很有价值的思想"③。要求共产党人要自觉改造主观世界，全心全意为人民服务，一心一意为人民谋利益。2000 年 12 月，在中共中央纪律检查委员会第五次全体会议上，江泽民指出："领导干部一定要树立正确的利益观，要'先天下之忧而忧，后天下之乐而乐'，时刻把党和人民的利益、国家的利益放在首位。"④2001 年 1 月，江泽民在全国宣传部长会议上再次引用"先天下之忧而忧，后天下之乐而乐"，提倡宣传和弘扬淡泊名利、无私奉献的精神。⑤

杜牧的《阿房宫赋》中有言："灭六国者，六国也，非秦也。族秦者，秦也，非天下也。嗟乎！使六国各爱其人，则足以拒秦。使秦复爱六国之人，则递三世可至万世而为君，谁得而族灭也？秦人不暇自哀，而后人哀之；后人哀之而不鉴之，亦使后人而复哀后人也。"⑥ 江泽民以此要求领导干部铭记"立党为公，执政为民"的执政理念。他曾经指出："我们党作为执政党，必须高度关注党同群众的关系问题、人心向背问题。人心向背，是决定一个政党、一个政权兴亡的根本性因素。"⑦"历代统治阶级中较有见地、较有作为的统治者，大都是比较注意民心向背的。一旦忘记这一条，失去民心，腐败盛

---

① 《十四大以来重要文献选编》（下），人民出版社，1999 年，第 2281 页。
② 《江泽民文选》第 2 卷，人民出版社，2006 年，第 307 页。
③ 《江泽民文选》第 2 卷，人民出版社，2006 年，第 307 页。
④ 《江泽民文选》第 3 卷，人民出版社，2006 年，第 184 页。
⑤ 《江泽民文选》第 3 卷，人民出版社，2006 年，第 198 页。
⑥ 参见：《江泽民文选》第 3 卷，人民出版社，2006 年，第 12、186 页。
⑦ 《江泽民文选》第 3 卷，人民出版社，2006 年，第 185 页。

行，政权就保不住了。在这个问题上，历史为我们提供了许多盛衰兴亡的经验教训。"①1994 年 1 月 1 日，在全国政协新年茶话会上，江泽民提出"以人民群众为本""我们衷心希望大家处处以党和人民的利益为重，以人民群众为本，抛弃一切官僚主义、形式主义的不良习气，真正在领导方法和工作方法方面取得新的进步，在全心全意为人民谋利益方面创造出新的气象。"②他抚今追昔，说，2000 多年前，中国就有"民为邦本"等朴素的民主思想。"今天，这些思想被赋予了新的时代内容。"③

淡泊名利，树立正确"三观"

关于淡泊名利，树立正确的世界观、人生观、价值观，1996 年 1 月，江泽民在全国宣传部长会议讲话中，引用了中国民间代代相传的至理名言"家有黄金数吨，一日不过三顿"，朴实简约，言简意赅，发人深思。江泽民说："陆放翁有两句诗：'利欲驱人万火牛，江湖浪迹一沙鸥。'前一句描绘陷入功名利禄使人丑恶的现象，后一句劝人把功名利禄看得淡一些。郑板桥的一首《道情》，也很值得那些功名利禄思想重的人读一读：'老书生，白屋中，说黄虞，道古风；许多后辈高科中。门前仆从雄如虎，陌上旌旗去似龙。一朝势落成春梦。倒不如篷门僻巷，教几个小小蒙童。'"④江泽民古为今用，告诫党员干部，要淡泊名利，树立正确的世界观、人生观、价值观，为中国特色社会主义而奋斗。江泽民曾经讲述《旧唐诗》卷七十《岑文本传》中的历史故事：

---

① 《十四大以来重要文献选编》（中），人民出版社，1997 年，第 1194 页。
② 《江泽民文选》第 1 卷，人民出版社，2006 年，第 364 页。
③ 《十五大以来重要文献选编》（上），人民出版社，2000 年，第 63 页。
④ 《十四大以来重要文献选编》（中），人民出版社，1997 年，第 1672 页。

　　唐太宗时期有一个大臣叫岑文本，有人劝他给自己的家庭置点产业。岑文本说了一段话，大意是这样的：我本是一介布衣，起自民间，当年我徒步进入京城长安之时，没有想过要做大官，能做一个秘书郎、一个县令就于愿足矣。后来，朝廷重用我，位至宰相。我所得到的薪俸已经够多的了，我时常为此感到惶恐，还要置什么产业呢？①

讲正气严律己

　　关于以讲学习、讲政治、讲正气为主要内容的党性党风教育，江泽民在《讲学习，讲政治，讲正气》里引用了孟子、苏轼、文天祥、顾炎武等人的观点。他说："讲正气，是中华民族也是我们党的一个优良传统。古语所说的'我善养吾浩然之气'，'一点浩然气，千里快哉风'，等等，都是讲一个人必须树立正气，必须有正义感……文天祥专门写过一篇《正气歌》，他在《过零丁洋》中写下的'人生自古谁无死，留取丹心照汗青'，以及顾炎武的'天下兴亡，匹夫有责'，等等，为什么会成为千古传诵的名句，就是因为充满着高昂激越的爱国正气。"② 在《始终做到"三个代表"是我们党的立党之本、执政之基、力量之源》中，江泽民引用了唐代韩愈的话："古之君子，其责己也重以周，其待人也轻以约。重以周，故不怠；轻以约，故人乐为善。"并加以解释："也就是说，作为领导者，首先要对自己严格要求，作出榜样来，不要事事先去责备他人。"③

---

① 《江泽民文选》第 2 卷，人民出版社，2006 年，第 187—188 页。
② 《江泽民文选》第 1 卷，人民出版社，2006 年，第 485 页。
③ 《江泽民文选》第 3 卷，人民出版社，2006 年，第 29 页。

"不拘一格"用人才

关于大力培养中青年干部，江泽民用三句古典诗词来阐释。2000 年 6 月 9 日，江泽民在全国党校工作会议上，谈到加紧培养适应 21 世纪要求的中青年领导干部时，引用了三句著名的古典诗词。第一句是清代龚自珍的"我劝天公重抖擞，不拘一格降人才"，第二句是宋代郑板桥的"千磨万击还坚劲，任尔东西南北风"，第三句是宋代朱熹的"等闲识得东风面，万紫千红总是春"。① 江泽民引用上述古典诗词，阐发新意，要求培养中青年领导干部，既要不拘一格，更要加强磨炼，最终形成人才辈出、活力迸发的良好环境。

江泽民从中华优秀传统文化中汲取了深厚的历史智慧。他认为自己"受过三种教育"，其中"第一种是中国哲学，尤其是孔孟之道。从上小学起，我就开始背《三字经》"②。江泽民经常引用孔子、孟子、老子、庄子、晏子、管子、荀子等古代思想家和《礼记》《左传》《史记》等古代经典著作的史学、哲学观点。他引用孔子"学而不思则罔，思而不学则殆"，要求各级领导干部，要不断在学习中思考、在思考中学习③；他引用孟子的"入则无法家拂士，出则无敌国外患者，国恒亡。然后知生于忧患而死于安乐也"，来说明必须增强忧患意识④；他引用《左传》"亲仁善邻，国之宝也"，管仲"远者来而近者亲"，"远者以礼，近者以体"，来说明中华民族关于和平共处的历史文化、睦邻友好的悠久传统⑤。

---

① 《江泽民文选》第 3 卷，人民出版社，2006 年，第 53 页。
② 〔美〕罗伯特·劳伦斯·库恩著，谈峥、于海江等译：《他改变了中国：江泽民传》，上海译文出版社，2005 年，第 23 页。
③ 《江泽民文选》第 2 卷，人民出版社，2006 年，第 148 页。
④ 《江泽民文选》第 3 卷，人民出版社，2006 年，第 237 页。
⑤ 《江泽民文选》第 3 卷，人民出版社，2006 年，第 314 页。

依法治国与以德治国紧密结合

中华优秀传统文化有许多思想精华、精神遗产和道德规范，以德治国就是其中之一。西周初年，周公辅佐周成王时，鉴于商朝亡国的教训，提出"明德慎罚"思想，形成了历史上称颂的"成康之治"。先秦儒家对"德治"思想加以发挥并使之理论化，力图成为古代普遍遵循的价值取向。

中国古代思想家、教育家孔子创立的儒家学说主张以道德感化人和教育人。儒家认为，无论人性善恶，都可以用道德去感化教育。这种教化方式，是一种心理上的改造，使人心良善，知道耻辱而无奸邪之心。以德治国首先要求统治集团以身作则，注意修身和勤政，充分发挥道德感化作用；其次要求重视对民众的道德教化，为政以德，德主刑辅。孔子说："为政以德，譬如北辰，居其所而众星共之。"从周朝提出"明德慎刑""为政以德"，经两汉魏晋南北朝的法律儒家化运动，礼法合流，最终，《唐律》确定"德礼为政教之本，刑罚为政教之用"的德治方略，遂成为历代尊崇的圭臬。

中华优秀传统文化强调，要明大德，守公德，严私德。例如，《韩非子·外储说右下》记载：

> 公仪休相鲁而嗜鱼，一国尽争买鱼而献之，公仪子不受。其弟谏曰："夫子嗜鱼而不受者，何也？"对曰："夫唯嗜鱼，故不受也。夫即受鱼，必有下人之色；有下人之色，将枉于法；枉于法，则免于相。虽嗜鱼，此不必致我鱼，我又不能自给鱼。即无受鱼而不免于相，虽嗜鱼，我能长自给鱼。"此明夫恃人不如自恃也；明于人之为己者不如己之自为也。

　　韩非子这篇文章意思是，公仪休做鲁国宰相，喜欢吃鱼，全鲁国的人争着买鱼献给他，公仪休不接受。公仪休的弟子说："您喜欢吃鱼而不接受鱼，为什么？"公仪休说："就是因为喜欢吃鱼，才不接受人们送我的鱼。如果接受别人送我的鱼，必定有不敢责求别人的表现，有不敢责求人的表现，就将违法曲断；违了法，就要被免去宰相职务。如果免去宰相职务，我虽然喜欢吃鱼，这些人必定不再送鱼给我，这时我又不能自己买鱼吃。如果不接受别人送给我的鱼，就不会被免去宰相职务，这样即使不接受别人送给我的鱼，我也能经常自己供给自己鱼。"这就是要明白，依靠别人，不如依靠自己；别人替自己打算，不如自己给自己打算。

　　东汉历史上有一个"四知拒金"的著名故事。

　　东汉人杨震做过荆州刺史，后调任为东莱太守。他去东莱上任时路过昌邑，昌邑县令王密是杨震任职荆州刺史时举荐过的官员。王密听说杨震路过，为报答当年提携之情，白天空手去见了杨震，晚上则准备了十斤金子想送给杨震。王密说："现在是深夜没人知道"。杨震却说，"天知、地知、我知、你知，怎么能说没有人知道呢？"王密听后很惭愧。杨震为官清廉，有老朋友、长辈劝他为子孙购置产业，杨震说："让以后的世人称他们是清官的子孙，我把这个留给他们，不是也很丰厚吗？"杨震后来官至太尉，依然秉承清廉作风。他不修豪华宅府，以素菜为食，衣无锦绣，徒步往来，不乘马车。蒙冤罢官、决定以死明志时，仍要求子女"以杂木为棺，布单被裁足盖形，勿归冢次，勿设祭祠"，绝不厚葬。杨震的子孙们深受家风影响，为官清廉。杨震家族从杨震起四代人连续担任"三公"职务，代代皆能守住"清白吏"之名声。《后汉书·杨震列传》记载"自震至彪，四世太尉，德业相继"，代代"能守家风，为世所贵"。

马克思主义高度重视道德建设。马克思指出，国家教育的重要任务就是使每个社会成员"把个人的目的变成大家的目的，把粗野的本能变成道德的意向，把天然的独立性变成精神的自由。"恩格斯提出"创造建立在纯人类道德生活关系基础上的新世界"。马克思、恩格斯阐述的道德理论构成了马克思主义国家学说的重要内容。列宁明确指出"道德是为人类社会升到更高的水平"服务的，"应该使培养、教育和训练现代青年的全部事业，成为培养青年的共产主义道德的事业"。列宁的道德理论继承和发展了马克思主义的道德理论。

从中国革命到中国社会主义建设，中国共产党对道德建设极为重视。中国人民抗日战争时期，毛泽东在《为人民服务》中就明确阐述了德治思想。毛泽东指出：

> 我们的共产党和共产党所领导的八路军、新四军，是革命的队伍。我们这个队伍完全是为着解放人民的，是彻底地为人民的利益工作的。张思德同志就是我们这个队伍中的一个同志。
>
> 人总是要死的，但死的意义有不同。中国古时候有个文学家叫作司马迁的说过："人固有一死，或重于泰山，或轻于鸿毛。"为人民利益而死，就比泰山还重；替法西斯卖力，替剥削人民和压迫人民的人去死，就比鸿毛还轻。张思德同志是为人民利益而死的，他的死是比泰山还要重的。
>
> 因为我们是为人民服务的，所以，我们如果有缺点，就不怕别人批评指出。不管是什么人，谁向我们指出都行。只要你说得对，我们就改正。你说的办法对人民有好处，我们就照你的办。"精兵

简政"这一条意见，就是党外人士李鼎铭先生提出来的；他提得好，对人民有好处，我们就采用了。只要我们为人民的利益坚持好的，为人民的利益改正错的，我们这个队伍就一定会兴旺起来。

我们都是来自五湖四海，为了一个共同的革命目标，走到一起来了。我们还要和全国大多数人民走这一条路。我们今天已经领导着有九千一百万人口的根据地，但是还不够，还要更大些，才能取得全民族的解放。我们的同志在困难的时候，要看到成绩，要看到光明，要提高我们的勇气。中国人民正在受难，我们有责任解救他们，我们要努力奋斗。要奋斗就会有牺牲，死人的事是经常发生的。但是我们想到人民的利益，想到大多数人民的痛苦，我们为人民而死，就是死得其所。不过，我们应当尽量地减少那些不必要的牺牲。我们的干部要关心每一个战士，一切革命队伍的人都要互相关心，互相爱护，互相帮助。

今后我们的队伍里，不管死了谁，不管是炊事员，是战士，只要他是做过一些有益的工作的，我们都要给他送葬，开追悼会。这要成为一个制度。这个方法也要介绍到老百姓那里去。村上的人死了，开个追悼会。用这样的方法，寄托我们的哀思，使整个人民团结起来。①

在《纪念白求恩》中，毛泽东强调：

白求恩同志毫不利己专门利人的精神，表现在他对工作的极端的负责任，对同志对人民的极端的热忱。每个共产党员都要学习他。

---

① 《毛泽东选集》第3卷，人民出版社，1991年，第1004—1005页。

不少的人对工作不负责任，拈轻怕重，把重担子推给人家，自己挑轻的。一事当前，先替自己打算，然后再替别人打算。出了一点力就觉得了不起，喜欢自吹，生怕人家不知道。对同志对人民不是满腔热忱，而是冷冷清清，漠不关心，麻木不仁。这种人其实不是共产党员，至少不能算一个纯粹的共产党员。从前线回来的人说到白求恩，没有一个不佩服，没有一个不为他的精神所感动。晋察冀边区的军民，凡亲身受过白求恩医生的治疗和亲眼看过白求恩医生的工作的，无不为之感动。每一个共产党员，一定要学习白求恩同志的这种真正共产主义者的精神。①

毛泽东号召全党同志："我们大家要学习他毫无自私自利之心的精神。从这点出发，就可以变为大有利于人民的人。一个人能力有大小，但只要有这点精神，就是一个高尚的人，一个纯粹的人，一个有道德的人，一个脱离了低级趣味的人，一个有益于人民的人。"②

在中国革命战争年代，从毛泽东的《为人民服务》《纪念白求恩》到刘少奇的《论共产党员的修养》，都把道德建设提高到"德治"地位，充分肯定道德建设在中国革命中的重要意义。

改革开放和社会主义现代化建设新时期，邓小平第一次把"德治"提高到治国方略的高度。他指出，建设中国特色社会主义，不但要有高度的物质文明，而且要有高度的精神文明。"没有这种精神文明，没有共产主义思想，没有共产主义道德，怎么能建设社会主义？"

20世纪80年代初期，邓小平提议把社会主义精神文明建设写进《中华人民共和国宪法》。邓小平主持的中共十二届六中全会通过了《中共中央关

① 《毛泽东选集》第2卷，人民出版社，1991年，第659—660页。
② 《毛泽东选集》第2卷，人民出版社，1991年，第660页。

于社会主义精神文明建设指导方针的决议》。这个决议明确指出，社会主义精神文明是社会主义社会的重要特征；社会主义精神文明建设，是关系到社会主义兴衰成败的大事。《决议》向全党和全国人民发出了提高整个中华民族的思想道德素质和科学文化素质、培育"四有"社会主义公民、树立和发扬社会主义的道德风尚、大力加强职业道德建设的号召。邓小平关于精神文明建设的理论，蕴含着中国特色社会主义德治理论的重要思想。

改革开放和社会主义现代化建设新时期，以江泽民为核心的党中央提出"以德治国"理念。改革开放以来，我国社会经济成分、组织形式、就业方式、利益关系和分配方式日益多样化，也给人们的思想观念、价值取向、文化生活带来了多样性，由此造成的一些消极影响，"反映到人们的思想意识和人与人关系上来，容易诱发自由主义、分散主义和拜金主义、享乐主义、利己主义；人民内部矛盾的内容和表现形式也出现了许多新的情况"[1]。因此，提出以德治国，是加快推进现代化的迫切需要。[2]

2000年6月，江泽民《在中央思想政治工作会议上的讲话》中指出："法律与道德作为上层建筑的组成部分，都是维护社会秩序、规范人们思想和行为的重要手段，它们互相联系、互相补充。法治以其权威性和强制手段规范社会成员的行为。德治以其说服力和劝导力提高社会成员的思想认识和道德觉悟。道德规范和法律规范应该互相结合，统一发挥作用。"从此，以德治国成为社会主义精神文明建设的重要组成部分，成为中国特色社会主义的重要标识之一。

2001年1月，江泽民在全国宣传部长会议上提出"我们要把法制建设与道德建设紧密结合起来，把依法治国与以德治国紧密结合起来"[3]的治国方

① 《江泽民文选》第3卷，人民出版社，2006年，第81—82页。
② 《以德治国思想学习概要》，学习出版社，2002年，第4、5页。
③ 《十五大以来重要文献选编》（中），人民出版社，2001年，第1587页。

略。江泽民指出："我们在建设有中国特色社会主义，发展社会主义市场经济的过程中，要坚持不懈地加强社会主义法制建设，依法治国，同时也要坚持不懈地加强社会主义道德建设，以德治国。"① "以德治国"，这是以江泽民为核心的党的第三代领导集体在我国社会经济步入新的发展时期所提出的重要治国方略，是在深刻总结国内外治国经验的基础上作出的科学论断，是对马克思主义的重大发展。

在庆祝建党 80 周年之际，江泽民进一步强调："要把依法治国同以德治国结合起来，为社会保持良好的秩序和风尚营造高尚的思想道德基础。"② 江泽民提出的"以德治国"，就是要以马克思列宁主义、毛泽东思想、邓小平理论为指导，以为人民服务为核心，以集体主义为原则，以爱祖国、爱人民、爱劳动、爱科学、爱社会主义为基本要求，以职业道德、社会道德、家庭美德的建设为落脚点，积极建立适应社会主义市场经济发展的社会主义思想道德体系，并使之成为全体人民普遍认同和自觉遵守的规范。

"以德治国"是中国共产党汲取中华优秀传统文化的精髓，吸纳国外国家事务管理中的经验教训，在新的历史条件下，对管理国家事务，教育引导人民崇尚高尚的精神生活而提出的创造性治国方略。江泽民提出"把依法治国与以德治国紧密结合起来"是对中华优秀传统文化的创新发展。他在阐述"以德治国"时引用了孔子的话。他说："在中国历史上，很多人都主张儒法并用，就是思想教育手段和法制手段并用。法是他律，德是自律。一个社会治理水平的高低，与人们的思想道德素质有密切的关联。孔子就说过：'道之以政，齐之以刑，民免而无耻；道之以德，齐之以礼，有耻且格。'治理国家是一个复杂的系统工程，必须统筹兼顾、多管齐下。"③

中国古代，孔子是强调"德治"的代表性人物，即便如此，孔子同时也

---

① 《十五大以来重要文献选编》（中），人民出版社，2001 年，第 1587 页。
② 《江泽民文选》第 3 卷，人民出版社，2006 年，第 278 页。
③ 《江泽民文选》第 2 卷，人民出版社，2006 年，第 567 页。

指出："宽以济猛，猛以济宽，政是以和。"所谓古代"盛世"执行的治国方略，从根本上来说，无非是"德法并举"而已。对此，江泽民指出："对一个国家的治理来说，法治和德治，从来都是相辅相成、相互促进的。二者缺一不可，也不可偏废。"①"法治以其权威性和强制手段规范社会成员的行为，德治以其说服力和劝导力提高社会成员的思想认识和道德觉悟。"②"法治属于政治建设、属于政治文明，德治属于思想建设、属于精神文明。二者范畴不同，但其地位和功能都是非常重要的。"③

江泽民从马克思主义的辩证唯物主义的高度，深刻阐述了"法治"和"德治"辩证关系，为进一步加强社会主义精神文明建设提供了新的内容。他强调，要坚持不懈加强社会主义法制建设、依法治国，同时要坚持不懈加强社会主义道德建设、以德治国，把法制建设与道德建设紧密结合起来，把依法治国与以德治国紧密结合起来。

① 《十五大以来重要文献选编》（中），人民出版社，2001年，第1587页。
② 《江泽民文选》第3卷，人民出版社，2006年，第91页。
③ 《江泽民文选》第3卷，人民出版社，2006年，第200页。

七

从以人为本到建设生态文明

胡锦涛很喜欢读古籍经典。在中华书局成立 100 周年之际，胡锦涛致信中华书局时说："中华书局出版的许多书籍，都给了我有益熏陶和深刻启迪。"优秀传统文化是中华民族的宝贵精神财富，是发展社会主义先进文化的深厚基础。2006 年 1 月，在全国科学技术大会上，胡锦涛指出："中华文化历来包含鼓励创新的丰富内涵，强调推陈出新、革故鼎新，强调'天行健，君子以自强不息。'建设创新型国家，必须大力发扬中华文化的优良传统，大力增强全民族的自强自尊精神，大力增强全社会的创造活力。"胡锦涛将中华文化的革故鼎新、自强不息的精神与 21 世纪的时代发展要求紧密结合，指出其在建设创新型国家中的重要作用。在中共十七大报告中，胡锦涛指出："要全面认识祖国传统文化，取其精华，去其糟粕，使之与现代社会相适应、与现代文明相协调，保持民族性，体现时代性。"[1] 继承中华优秀传统文化，重在结合时代发展要求与特征，实现创新性发展。

---

[1]　胡锦涛：《高举中国特色社会主义伟大旗帜，为夺取全面建设小康社会新胜利而奋斗》(2007 年 10 月 15 日)，《十七大以来重要文献选编》（上），中央文献出版社，2009 年，第 27 页。

"民为贵"，以人为本

"以人为本"是指以人为中心，以人为根本，注重人的生命与价值。哲学家张岱年认为，中国文化有两个基本精神，具有高度的理论价值，一是"以人为本"，一是"以和为贵"。中国古代春秋时期的政治家管仲提出"以人为本"。孔子提出"仁者爱人"。孟子提出"民为贵，君为轻，社稷次之。"西汉刘向在《管子》中提到"夫霸王之所始也，以人为本。本理则国固，本乱则国危"。近代黄宗羲认为"天下民为主，君为客"。

胡锦涛汲取中华优秀传统文化的精髓，结合时代发展的要求与特征，指出科学发展观的核心是以人为本。胡锦涛指出："中华文明历来注重以民为本，尊重人的尊严和价值。早在千百年前，中国人就提出'民为邦本，本固邦宁'、'天地之间，莫贵于人'，强调要利民、裕民、养民、惠民。今天，我们坚持以人为本，就是要坚持发展为了人民、发展依靠人民、发展成果由人民共享，关注人的价值、权益和自由，关注人的生活质量、发展潜能和幸福指数，最终是为了实现人的全面发展。保障人民的生存权和发展权仍是中国的首要任务。我们将大力推动经济社会发展，依法保障人民享有自由、民主和人权，实现社会公平和正义，使 13 亿中国人民过上幸福生活。"

人民立场是我们党作为马克思主义政党的根本立场。中华优秀传统文化中民本思想和马克思主义人民观的内涵相近相通，我们党创造性地将传统民本思想精髓与马克思主义人民性相结合，提出了"以人为本"。作为我国优秀传统文化重要内容的以人为本，千百年来薪火相传，在当代中国，通过共产党人的创新与发展，温暖而有力地照进现实，彰显着岁月无法磨灭的内在价值，关照到天下苍生。

"知荣辱"，树立社会主义荣辱观

中国古代春秋时期，辅佐齐桓公的著名政治家管仲在《管子·牧民》中最早提出"仓廪实而知礼节，衣食足则知荣辱"。西汉史学家司马迁在《史记·管晏列传》中将其改了一个字，"则"改成"而"，成为"仓廪实而知礼节，衣食足而知荣辱"。《史记·管晏列传》写道："仓廪实而知礼节，衣食足而知荣辱，上服度则六亲固。四维不张，国乃灭亡。下令如流水之原，令顺民心。"其中的意思为：粮仓充实了就让民知晓礼节，衣食饱暖了就让民懂得荣辱，君王遵守法度了六亲就关系稳固。礼、节、廉、耻的伦理不起作用，国家就会灭亡。颁布政令就好像流水的源头，要能理顺民心。

"仓廪实而知礼节，衣食足而知荣辱"实际上也蕴含着马克思主义政治经济学原理中经济基础决定上层建筑的思想，管理社会的目的在于发展社会，既要发展物质文明，也要建设精神文明。

自古以来，中国号称"礼仪之邦"，注重人的道德水平和自身修为。荣辱观念，古已有之。中国古代第一部诗歌总汇《诗经》中就有"相鼠有皮，人而无仪；人而无仪，不死何为？"古人非常看重"礼仪廉耻"，认为"不知荣辱乃不能成人""宁可毁人，不可毁誉""宁可穷而有志，不可富而失节"，倡导人们做到"富贵不能淫，贫贱不能移，威武不能屈"。凡此种种，说明古代仁人志士已经把荣辱放到与人格、生命同等重要的地位。

胡锦涛在总结中华民族优良传统和社会主义道德建设的基础上，提出以"八荣八耻"为主要内容的社会主义荣辱观。他指出："要引导广大干部群众特别是青少年树立社会主义荣辱观，坚持以热爱祖国为荣、以危害祖国为耻，以服务人民为荣、以背离人民为耻，以崇尚科学为荣、以愚昧无知为耻，以辛勤劳动为荣、以好逸恶劳为耻，以团结互助为荣、以损人利己为耻，以诚实守信为荣、以见利忘义为耻，以遵纪守法为荣、以违法乱纪为耻，以艰苦奋斗为荣、以骄奢淫逸为耻。"

以"八荣八耻"为主要内容的社会主义荣辱观，涵盖了爱国主义、集体主义和社会主义思想，体现了中华民族传统美德和时代精神的核心内容，反映了社会主义世界观、人生观和价值观的根本要求，明确了当代中国最基本的价值取向和行为准则，是对马克思主义道德观的新概括。胡锦涛指出："中华文明历来注重自强不息，不断革故鼎新。'天行健，君子以自强不息。'这是中国的一句千年传世格言。中华民族之所以能在五千多年的历史进程中生生不息、发展壮大，历经挫折而不屈，屡遭坎坷而不馁，靠的就是这样一种发愤图强、坚忍不拔、与时俱进的精神。中国人民在改革开放中表现出来的进取精神，在建设国家中焕发出来的创造热情，在克服前进道路上的各种困难中表现出来的顽强毅力，正是这种自强不息精神的生动写照。"

重"和合"，构建和谐社会与和谐世界

中华优秀传统文化的"和合"理念是中华文化的精髓，是中华文化最完美最完善的体现形式。

"和""合"二字最早见于甲骨文和金文。"和合"的"和"，指和谐、和平、祥和；"合"是结合、合作、融合。"和合"是实现"和谐"的途径，"和谐"是"和合"的理想实现，也是中华民族古往今来孜孜以求的自然、社会、人际、身心、文明中诸多元素之间的理想关系状态。

中华优秀传统文化中，"贵和持中"的和谐意识，表现为两个方面："天人合一"是指人与自然关系的和谐；"中庸"是指人际关系，即人与人、人与社会关系的和谐。"天人和一"旨在承认人与自然的统一性、反对将它们割裂开来。"中庸"则强调对待事物关系要把握一个度，以避免对立和冲突。

提倡"贵和""持中"的和谐意识，有利于处理现代社会各种矛盾，以保持社会的稳定。中华优秀传统文化的"和合"理念是中华文明世世代代传承的核心思想之一，贯穿于古代中国思想发展的各个时期，反映着中华民族对和谐理念的基本认识。

可以看到，在古代汉语中，"和"是由"禾"与"口"二字构成。古代将谷物称为禾，"禾"在"口"边，表示丰衣足食之意。"和"是指不同事物之间，相互和谐、相互一致的关系。古代哲人认为，"和"是万物生成和发展的根据。"谐"字左边是"言"，右边为"皆"，含有人人言语的意思，表示音调的和谐。

中华优秀传统文化中的"和合"理念，以天地之间阴阳运动作为哲学基础，号召人们把人际和谐作为基本价值取向，把人们的思想观念和社会倡导的"和"的价值理念融为一体。孔子认为，将君子与小人区别开来的一项基本素养就是能否达到"和"的标准。孔子说："君子和而不同，小人同而不和。"

在中华大地上，"和为贵"，可谓是人人皆知。"和为贵"最早出自孔子的《论语》："礼之用，和为贵。先王之道，斯为美；小大由之。有所不行，知和而和，不以礼节之，亦不可行也"。由此延伸出来中华民族诸多古训，以和为贵、和气生财、和气致祥、和衷共济、家和万事兴等。"和为贵"属于中华优秀传统文化重要组成部分。"和"是宽容主义精神的表现，是理论理性的体现。和睦的人际关系，和谐的社会环境，对于人的生存和发展至关重要。人类自古至今，因国界、宗教、种族、主权、经济利益的歧异，思想、语言的差别，乃至因家庭、财产、感情等诸多问题，引起的冲突不胜枚举，常常上演"争地以战，杀人盈野；争城以战，杀人盈城"的惨剧。"和为贵"的理念既有深远的历史意义，又有重大的现实意义。

"以和为贵"的思想，体现了要正确看待社会差异，要发挥不同个体间不同作用，要在实现个体和谐的基础上实现整个社会的和谐与发展，承载着中华民族的梦想。胡锦涛提出构建社会主义和谐社会，立足历史，回应现实，面向未来。胡锦涛指出："中华文明历来注重社会和谐，强调团结互助。中国人早就提出了'和为贵'的思想，追求天人和谐、人际和谐、身心和谐，向往'人人相亲，人人平等，天下为公'的理想社会。中国提出构建和谐社会，就是要建设一个民主法治、公平正义、诚信友爱、充满活力、安定有序、人与自然和谐相处的社会，实现物质和精神、民主和法治、公平和效率、活力和秩序的有机统一。中国人民把维护民族团结作为自己义不容辞的职责，把维护国家主权和领土完整作为自己至高无上的使命。一切有利于民族团结和国家统一的行为，都会得到中国人民真诚的欢迎和拥护。一切有损于民族团结和国家统一的举动，都会遭到中国人民强烈的反对和抗争。"

以胡锦涛同志为主要代表的中国共产党人继承我们党在社会建设方面的理论与实践成果，并借鉴中华优秀传统文化中的和谐思想，第一次把"社会主义"与"和谐社会"结合起来，提出了构建社会主义和谐社会的重大战略思想，系统地阐述了社会主义和谐社会所应具有的民主法治、公平正义、诚信友爱、充满活力、安定有序、人与自然和谐相处的六个基本特征，明确提出了中国特色社会主义的经济建设、政治建设、文化建设和社会建设"四位一体"的总体布局，这是中国共产党对"什么是社会主义、怎样建设社会主义"认识的深化和重大理论创新。

胡锦涛指出："中华文明历来注重亲仁善邻，讲求和睦相处。中华民族历来爱好和平。中国人在对外关系中始终秉承'强不执弱'、'富不侮贫'的精神，主张'协和万邦'。中国人提倡'海纳百川，有容乃大'，主张吸纳百家优长、兼集八方精义。今天，中国高举和平、发展、合作的旗帜，奉行独立自主的和平外交政策，坚定不移地走和平发展道路，既通过维护世界和平来发展自己，又通过自身的发展来促进世界和平。中国坚持实施互利共赢的对外开放战略，真诚愿意同各国广泛开展合作，真诚愿意兼收并蓄、博采各种文明之长，以合作谋和平、以合作促发展，推动建设一个持久和平、共同繁荣的和谐世界。"

"天人合一"，建设生态文明

中华优秀传统文化中蕴藏着丰富的生态文明思想，儒家"天人合一"学说是其中的代表。中华民族的祖先很早就认识到"天人合一"的重要意义，把"天人合一"作为古代中国哲学思想的重要组成部分予以阐发。儒家、道家等诸家各有阐述。

天指天空，更指天道和自然大道。道家所说的天是指自然、天道。天人合一寓意人与道合。"天地与我并生，万物与我为一"意味着天人相合相应。古人认为，人自身就是自然的一部分。因此，庄子说，"有人，天也；有天，亦天也"，天人本是合一的。但由于人制定了各种典章制度、道德规范，使人丧失了原来的自然本性，变得与自然不协调。人修行的目的，便是"绝圣弃智"，打碎这些加于人身上的藩篱，将人性解放出来，重新复归于自然，达到一种"万物与我为一"的精神境界。

在自然界中，天、地、人三者是相应的。《庄子·达生》写道："天地者，万物之父母也。"《易经》中强调三才之道，将天、地、人并立起来，并将人放在中心地位，这就说明人的地位之重要。天有天之道，天之道在于"始万物"；地有地之道，地之道在于"生万物"。人不仅有人之道，而且人之道的作用就在于"成万物"。《易经》认为"立天道曰阴阳，立地道曰柔刚，立人道曰仁义"。天地人三者虽各有其道，但又是相互对应、相互联系的。这不仅是一种"同与应"的关系，而且是一种内在的生成关系和实现原则。天地之道是生成原则，人之道是实现原则，二者缺一不可。

北宋著名哲学家张载最早提出"天人合一"思想："儒者则因明致诚，因诚致明，故天人合一，致学而可以成圣，得天而未始遗人。"也就是说，自然万物与人类社会各有特点，但是两者应该和谐统一。《中庸》中有言："能尽人之性，则能尽物之性，能尽物之性，则可以赞天地之化育，可以赞天地之化育，则可以与天地参矣。"意思是充分发挥了个人的天性，就能充分激发人类天性，充分激发人类天性就能发挥自然万物的天性。《周易》中有言："夫大人者，与天地合其德，与日月合其明，与四时合其序，与鬼神合其凶吉。"也是强调人与自然的和谐统一。

"天人合一"是中国古代具有代表性的思想观念，也是当代生态文化建设的基础。胡锦涛提出生态文明建设思想是对马克思主义中国化时代化的新发展，也是继承中华优秀传统文化、弘扬其中生态文明思想的重要体现。中共十七大把建设生态文明列为全面建设小康社会目标之一、作为一项战略任务确定下来，提出要推动全社会牢固树立生态文明观念。中共十七届四中全会把生态文明建设提升到与经济建设、政治建设、文化建设、社会建设并列的战略高度，作为中国特色社会主义事业总体布局的有机组成部分。中共十七届五中全会提出要把"绿色发展，建设资源节约型、环境友好型社会""提高生态文明水平"作为"十二五"时期的重要战略任务。中共十八大报告中提出，建设生态文明，是关系人民福祉、关乎民族未来的长远大计。面对资源约束趋紧、环境污染严重、生态系统退化的严峻形势，必须树立尊重自然、顺应自然、保护自然的生态文明理念，把生态文明建设放在突出地位，融入经济建设、政治建设、文化建设、社会建设各方面和全过程，努力建设美丽中国，实现中华民族永续发展。

中国特色社会主义新时代，马克思主义基本原理与中华优秀传统文化

　　《中共中央关于党的百年奋斗重大成就和历史经验的决议》指出："习近平新时代中国特色社会主义思想是当代中国马克思主义、二十一世纪马克思主义，是中华文化和中国精神的时代精华，实现了马克思主义中国化新的飞跃。"党的十八大以来，以习近平同志为核心的党中央，坚持把马克思主义基本原理同中国具体实际相结合、同中华优秀传统文化相结合，自觉地将中华历史文化精华与中国特色社会主义紧密对接，大大地推进了马克思主义中国化时代化的历史进程。深入学习掌握"两个结合"的实践经验与理论创新，对全面建设社会主义现代化国家、全面推进中华民族伟大复兴，具有重要的现实意义和深远的历史意义。"两个结合"立足马克思主义基本原理，分别指向中国具体实际、中华优秀传统文化。习近平总书记在文化传承发展座谈会上提出："'第二个结合'是又一次的思想解放"。"两个结合"在内容上是联通的，在方法上是契合的，在追求上是一致的，不可片面化理解、封闭化把握、机械化推进。

一

赋予中华优秀传统文化时代内涵

　　中国特色社会主义新时代，将中华优秀传统文化提升为"中华民族的基因""民族文化血脉""中华民族的精神命脉"，有力地增强了民族自信心。习近平总书记强调："我们要坚持道路自信、理论自信、制度自信，最根本的还有一个文化自信。""文化自信，是更基础、更广泛、更深厚的自信。"中国共产党高度重视中华优秀传统文化，在中国革命、建设和改革中，一贯继承、弘扬、提升中华优秀传统文化。中国特色社会主义新时代，大力传承中华优秀传统文化，赋予中华优秀传统文化崭新时代内涵，运用中华优秀传统文化治国理政，阐发中华优秀传统文化应对国内外重大挑战，将中华优秀传统文化提升到新阶段，有力地凝聚了民族精神，得到全世界中华儿女高度认同。

中华优秀传统文化已经成为中华民族的基因

　　一个人有自己的基因，一个家族有自己家族的基因，一个民族有本族的基因。中华民族的基因在哪里？中华民族长盛不衰的基因密码是什么？习近平总书记认为，"中华优秀传统文化已经成为中华民族的基因"。21世纪的世界，科学技术日新月异，人类进步一日千里，各种思潮、学说此起彼伏。中华儿女团结奋进需要精神寄托和共同的"精神家园"。回望中华民族的精神世界、回溯中华民族的精神源泉，中华优秀传统文化源远流长，绵延不绝，长盛不衰，一直是中华民族精神基因的源头所在。

中华文化强调"民为邦本""天人合一""和而不同""天行健，君子以自强不息""大道之行也，天下为公""天下兴亡，匹夫有责""君子喻于义""君子坦荡荡""君子义以为质""言必信，行必果""人而无信，不知其可也""德不孤，必有邻""仁者爱人""与人为善""己所不欲，勿施于人""出入相友，守望相助""老吾老以及人之老，幼吾幼以及人之幼""扶贫济困""不患寡而患不均"及以德治国、以文化人等。

习近平总书记认为："像这样的思想和理念，不论过去还是现在，都有其鲜明的民族特色，都有其永不褪色的时代价值。这些思想和理念，既随着时间推移和时代变迁而不断与时俱进，又有其自身的连续性和稳定性。我们生为中国人，最根本的是我们有中国人的独特精神世界，有百姓日用而不觉的价值观。我们提倡的社会主义核心价值观，就充分体现了对中华优秀传统文化的传承和升华。"

因此，习近平总书记站在21世纪的时代高度，从实现中华民族伟大复兴出发，高屋建瓴，气贯长虹，深刻总结中华优秀传统文化对中华民族发展的内在关系与生命力、影响力、凝聚力和创造力，对中华优秀传统文化作出了新判断、新概括和新定义，赋予其新的时代内涵："中华文明绵延数千年，有其独特的价值体系。中华优秀传统文化已经成为中华民族的基因，植根在中国人内心，潜移默化影响着中国人的思想方式和行为方式。"

习近平总书记认为，中国共产党提倡和弘扬的社会主义核心价值观，只有从中华优秀传统文化中汲取丰富营养，才会有强大的生命力和影响力。这样，就把中华优秀传统文化与社会主义核心价值观贯通在一起、联结在一起、融合在一起，使中华民族的历史基因得以世代传承，永葆其青春活力和时代魅力。

中华优秀传统文化是"民族文化血脉"

在中华民族发展过程中，从古老的《竹书纪年》《尚书》《论语》《道德经》到《二十四史》，从孔子、孟子、老子、孙子、墨子、韩非子到文学、史学、哲学、经学、医学等，从"盘古开天地""女娲造人"到"神农尝百草""仓颉造字"，从精卫填海、炼石补天、后羿射日到嫦娥奔月、愚公移山、天人合一，都属于中华文化的范畴。

在人类文明史上，古代中国、古代印度、古代埃及、古代巴比伦、古代希腊等文明古国中，有的衰弱了，有的落后了，有的断代了，有的消亡了，唯有中华民族一直延续地创造着有五千多年文字记载的连绵不断的文明历史，一直延续地创造着博大精深的中华文化，为人类文明与进步作出了不可磨灭的贡献。而且，中华文化把 56 个民族、14 亿多人紧密团结在一起，紧紧凝聚在一起，共存共荣，共同发展。

中华文化凝聚着中华民族共同经历的奋斗历程，蕴含着中华民族共同培育的民族精神，贯穿着中华民族共同坚守的理想信念，是中华民族共同创造的精神家园。

中国能够作为一个历史悠久的多民族的文明古国持久发展，具有强大凝聚力和包容性的中华文化功不可没。

习近平总书记在纪念孔子诞辰国际学术研讨会暨国际儒学联合会上强调，不忘历史才能开辟未来，善于继承才能善于创新。只有坚持从历史走向未来，从延续民族文化血脉中开拓前进，我们才能做好今天的事业。推进人类各种文明交流交融、互学互鉴，是让世界变得更加美丽、各国人民生活得更加美好的必由之路。

现在，无论是生活在中国境内的中国人，还是全世界的华人华侨，都充分认同中华文化这一"民族文化血脉"。

孔子及其学说，不仅得到生活在中国境内的中国人的充分认同，而且得到全世界华人华侨的充分认同；不仅得到世界上最发达国家美国的充分认同（纽约矗立着孔子铜像），而且得到联合国的充分认同。完全有理由相信，中华文化的"民族文化血脉"作用，不仅在中华民族的形成、发展中发挥着重要作用，而且必然在实现祖国统一中发挥更大的作用。

中华优秀传统文化是中华民族的精神命脉

中华文化是中华民族在社会实践过程中所获得的物质、精神的生产能力和创造的物质财富与精神财富的总和。

习近平总书记指出："优秀传统文化是一个国家、一个民族传承和发展的根本，如果丢掉了，就割断了精神命脉。"

古人说的"天行健，君子以自强不息；地势坤，君子以厚德载物""大学之道，在明明德，在亲民，在止于至善""富贵不能淫，贫贱不能移，威武不能屈"等，就是中华民族"精神命脉"的具体体现。

有了这种"精神命脉"的传承与延续，在民族危机到来时，中国人民就可以同仇敌忾，共赴国难，奏响气壮山河的英雄凯歌；就能够"杀身成仁""视死如归""挽狂澜于既倒，扶大厦之将倾"。在中华民族抗日战争中，杨靖宇、赵尚志、左权、彭雪枫、佟麟阁、赵登禹、张自忠、戴安澜等一批抗日将领，八路军"狼牙山五壮士"、新四军"刘老庄连"、东北抗日联军"八女投江"女战士、坚守上海四行仓库"八百壮士"等众多英雄群体，就是中国人民不畏强暴、以身殉国的杰出代表。"生当作人杰，死亦为鬼雄。""人生自古谁无死，留取丹心照汗青。"因为这种"精神命脉"的发扬光大，中国改革开放后能够"面向现代化,面向世界,面向未来",以中华民族"兼收并蓄"的"包容精神",大踏步赶上时代发展潮流,"会当凌绝顶,一览众山小"。

习近平总书记认为:"中华优秀传统文化是中华民族的精神命脉,是涵养社会主义核心价值观的重要源泉,也是我们在世界文化激荡中站稳脚跟的坚实根基。"党的十八大以来,"中华优秀传统文化""革命文化""社会主义先进文化",既承载历史、承接历史、传承历史,又联结现实、服务现实、指导现实,贯通古今,开拓未来。

当前,"我们正在进行具有许多新的历史特点的伟大斗争",可以从中华优秀传统文化中发掘历史智慧、汲取政治智慧,延续、发展中华民族的"精神命脉",作为涵养社会主义核心价值观的重要源泉。中华优秀传统文化是中华民族的突出优势,是我们最深厚的文化软实力。习近平总书记要求高度重视中华优秀传统文化的传承:"古诗文经典已融入中华民族的血脉,成了我们的基因。我们现在一说话就蹦出来的那些东西,都是小时候记下的。语文课应该学古诗文经典,把中华民族优秀传统文化不断传承下去。"

为了实现中华民族的伟大复兴,习近平总书记强调,"要使中华民族最基本的文化基因与当代文化相适应、与现代社会相协调";"要加强对中华优秀传统文化的挖掘和阐发,努力实现中华传统美德的创造性转化、创新性发展";要"把跨越时空、超越国度、富有永恒魅力、具有当代价值的文化精神弘扬起来,把继承优秀传统文化又弘扬时代精神、立足本国又面向世界的当代中国文化创新成果传播出去"。

我们要深入挖掘中华优秀传统文化蕴含的思想观念、人文精神、道德规范,结合时代要求继承创新,让中华文化展现出永久魅力和时代风采。在中国特色社会主义发展进程中,广泛弘扬中华优秀传统文化,为"推动中华优秀传统文化创造性转化、创新性发展"指明了方向。"上下交,而后能成和同之治。""法者，治之端也。""天下之事，虑之贵详，行之贵力，谋在于众。""不谋全局者不足以谋一域。""勠力同心""大道之行""天下为公"。中华民族立足中国历史、中国国情、中国国土，吸吮着五千多年历史文化积累的精神养分，延续着中华优秀传统文化的血脉，凝聚着14亿多中国人民的磅礴之力，具有无比广阔的时代舞台，具有无比深厚的历史底蕴，具有无比强大的前进定力，具有无比美好的发展前景，一定能够实现伟大复兴的中国梦。

二

从中华优秀传统文化中汲取治国理政智慧

习近平总书记指出："中华民族具有 5000 多年连绵不断的文明历史，创造了博大精深的中华文化，为人类文明进步作出了不可磨灭的贡献。经过几千年的沧桑岁月，把我国 56 个民族、13 亿多人紧紧凝聚在一起的，是我们共同经历的非凡奋斗，是我们共同创造的美好家园，是我们共同培育的民族精神，而贯穿其中的、最重要的是我们共同坚守的理想信念。"[①] 习近平总书记注重发掘中华优秀传统文化、运用中华优秀传统文化，正本清源，解疑释惑，阐述理念，推动发展，为实现中华民族伟大复兴注入强大精神力量。

高度提升中华优秀传统文化历史地位

中华优秀传统文化是中华民族生存、延续、发展，并自立于世界民族之林的根脉和魂魄。习近平总书记指出："中华文明，不仅对中国发展产生了深刻影响，而且对人类文明进步作出了重大贡献。"[②] 党的十一届三中全会实现历史性伟大转折，中国进入改革开放和社会主义现代化新时期，解放思想，拨乱反正，孔子及其学说开始受到重新评价。1996 年，国务院批准在山东曲

---

① 习近平：《在十二届全国人大一次会议闭幕会上的讲话》，《人民日报》2013 年 3 月 18 日。
② 习近平：《在纪念孔子诞辰 2565 周年国际学术研讨会暨国际儒学联合会第五届会员大会开幕会上的讲话》，《人民日报》2014 年 9 月 25 日。

阜设立集文献收藏、信息交流、学术研究、人才培养和博物展览功能于一体的儒学研究机构——孔子研究院。2013 年 11 月 26 日，习近平总书记到山东曲阜孔府考察期间，专程来到孔子研究院，仔细观看孔子研究院创建以来的系列研究成果，饶有兴趣地翻阅关于孔子研究的书籍和刊物。看到《孔子家语通解》《论语全解》两本书时，习近平总书记眼前一亮，一边翻阅一边说："这两本书我要仔细看看。"随后，习近平总书记同从事孔子研究的专家、学者座谈，仔细听取他们的发言，并表示，中华民族有着源远流长的传统文化，也一定能创造中华文化新的辉煌；强调研究孔子和儒家思想要坚持历史唯物主义立场，坚持古为今用，去粗取精，去伪存真，因势利导，深化研究，使其在新的时代条件下发挥积极作用。

在纪念孔子诞辰 2565 周年国际学术研讨会暨国际儒学联合会第五届会员大会开幕会上，习近平主席指出："孔子创立的儒家学说以及在此基础上发展起来的儒家思想，对中华文明产生了深刻影响，是中国传统文化的重要组成部分。儒家思想同中华民族形成和发展过程中所产生的其他思想文化一道，记载了中华民族自古以来在建设家园的奋斗中开展的精神活动、进行的理性思维、创造的文化成果，反映了中华民族的精神追求，是中华民族生生不息、发展壮大的重要滋养。中华文明，不仅对中国发展产生了深刻影响，而且对人类文明进步作出了重大贡献。"①

习近平主席明确指出："从历史的角度看，包括儒家思想在内的中国传统思想文化中的优秀成分，对中华文明形成并延续发展几千年而从未中断，对形成和维护中国团结统一的政治局面，对形成和巩固中国多民族和合一体的大家庭，对形成和丰富中华民族精神，对激励中华儿女维护民族独立、反抗外来侵略，对推动中国社会发展进步、促进中国社会利益和社会关系平衡，

① 习近平：《在纪念孔子诞辰 2565 周年国际学术研讨会暨国际儒学联合会第五届会员大会开幕会上的讲话》，《人民日报》2014 年 9 月 25 日。

都发挥了十分重要的作用。"①

习近平总书记经常运用中华优秀传统文化的经典著作孔子的《论语》来阐发问题。比如，2013 年 6 月，习近平主席在墨西哥参议院作《促进共同发展 共创美好未来》演讲，用《论语·卫灵公》"己所不欲，勿施于人"来说明不同社会制度的国家要和平共处，互相尊重。

2014 年 10 月，习近平总书记在文艺工作座谈会上，用《论语·季氏》"远人不服，则修文德以来之"来说明中华民族自古以来"以德服人"的思维习惯。

习近平在《摆脱贫困》中用《论语·子罕》"三军可夺帅也，匹夫不可夺志也"来说明脱贫攻坚首先要立志，意志坚定，坚韧不拔，则无坚不摧。

孔子历来认为"名不正则言不顺，言不顺则事不成"，因此孔子强调凡事要"正名"。习近平总书记的上述论述就是对中华优秀传统文化的根本性"正名"。

来到中国共产党实事求是思想路线的策源地

中国共产党坚持实事求是的思想路线，坚持实践第一，一贯注重用马克思主义认识论和实践观改造提升中华优秀传统文化。② 习近平总书记善于在中华优秀传统文化中探寻实事求是思想路线的文化基因。2020 年 9 月，习近平总书记在湖南考察期间，到岳麓书院调研并提出"实事求是，从这里走来"的论断，对汲取实事求是、砥砺奋进的精神力量作出了生动的阐释。

湖湘文化重要发源地——湖南长沙岳麓山是具有深厚历史、文化、宗教

① 习近平：《在纪念孔子诞辰 2565 周年国际学术研讨会暨国际儒学联合会第五届会员大会开幕会上的讲话》，《人民日报》2014 年 9 月 25 日。
② 姜义华：《中国共产党与中华优秀传统文化》，《红旗文稿》2021 年第 12 期。

底蕴的一座名山。该山因南北朝刘宋时《南岳记》载"南岳周围八百里，回雁为首，岳麓为足"，故名岳麓。地质学认为岳麓山古生代开始崛起，中生代基本形成，新生代继续发展，距今已有三亿余年历史。唐代杜牧诗曰："远上寒山石径斜，白云生处有人家。停车坐爱枫林晚，霜叶红于二月花。"闻名遐迩，古今传诵。古代许多著名大儒曾在岳麓山上的岳麓书院研修讲学，著书立说，传经布道。1916 年，湖南公立工业专门学校校长宾步程手书"实事求是"，制作巨幅匾额，悬挂岳麓书院讲堂上方，期望学生实事求是，崇尚科学，追求真理。岳麓书院成立后，一贯秉持务实学风，反对脱离社会实际，反对埋头钻研故纸堆，反对清议空谈，倡导"经世致用""经邦济世"，把"实事求是"作为校训，一以贯之，代代相传，极大地影响了一代又一代的湖南青年。关于这一点，从岳麓书院种植的树木也可以看出来。凡是岳麓书院种树，不仅要会开花，还要能结果。古代先贤教书育人，用心良苦，由此可见一斑。

鲜为人知的是，中国共产党实事求是思想路线与岳麓山有着密切的历史渊源。青年毛泽东在湖南第一师范学校读书期间，经常与志同道合的蔡和森、罗学瓒、张昆弟等到岳麓书院体验古代历史文化，相聚岳麓山爱晚亭纵论天下，探索救国救民之道。1952 年，在岳麓山重修爱晚亭时，湖南大学校长李达致书毛泽东题写亭名，毛泽东饱蘸浓墨，一挥而就，"爱晚亭"三个大字跃然纸上。1916 年起，青年毛泽东多次在湖南大学筹备处所属的岳麓书院半学斋寓居，累计一年多时间，每天与岳麓书院讲堂"实事求是"的匾额朝夕相处，对之留下不可磨灭的深刻印象。从此"实事求是"深深铭刻在青年毛泽东心中。

20 世纪 40 年代初期，中国人民抗日战争时期，毛泽东发动全党整风运动，古为今用，点石成金，赋予"实事求是"崭新的政治内涵。毛泽东在《改造我们的学习》中，号召全党坚持实事求是的马克思主义思想路线。1943 年，毛泽东为中共中央党校题写校训"实事求是"。1945 年，中国共产党第七次全国代表大会正式将"实事求是"载入党章，确立实事求是的思想路线。在此期间，毛泽东为《七大纪念册》题词"实事求是，力戒空谈"，发给每一位中共七大代表。从此，"实事求是"成为毛泽东思想的精髓和灵魂。

党的十一届三中全会前夕，邓小平在中央工作会议作《解放思想，实事求是，团结一致向前看》的重要讲话。他指出："一个党，一个国家，一个民族，如果一切从本本出发，思想僵化，迷信盛行，那它就不能前进，它的生机就停止了，就要亡党亡国。……只有解放思想，坚持实事求是，一切从实际出发，理论联系实际，我们的社会主义现代化建设才能顺利进行，我们党的马列主义、毛泽东思想的理论也才能顺利发展。"①

他强调："实事求是，是无产阶级世界观的基础，是马克思主义的思想基础。过去我们搞革命所取得的一切胜利，是靠实事求是；现在我们要实现四个现代化，同样要靠实事求是。"②

在党的十一届五中全会上，邓小平强调："实事求是，一切从实际出发，理论联系实际，坚持实践是检验真理的标准，这就是我们党的思想路线。"③

党的十二大通过的《中国共产党章程》规定：坚持解放思想，实事求是，与时俱进，求真务实。党的思想路线是一切从实际出发，理论联系实际，实事求是，在实践中检验真理和发展真理。全党必须坚持这条思想路线，积极探索，大胆试验，开拓创新，创造性地开展工作，不断研究新情况，总结新经验，解决新问题，在实践中丰富和发展马克思主义，推进马克思主义中国化。

邓小平在南方谈话中再次强调："实事求是是马克思主义的精髓。要提

① 《邓小平文选》第 2 卷，人民出版社，1994 年，第 143 页。
② 《邓小平文选》第 2 卷，人民出版社，1994 年，第 143 页。
③ 《邓小平文选》第 2 卷，人民出版社，1994 年，第 279 页。

倡这个，不要提倡本本。我们改革开放的成功，不是靠本本，而是靠实践，靠实事求是。农村搞家庭联产承包，这个发明权是农民的。农村改革中的好多东西，都是基层创造出来，我们把它拿来加工提高作为全国的指导。实践是检验真理的唯一标准。我读的书并不多，就是一条，相信毛主席讲的实事求是。过去我们打仗靠这个，现在搞建设、搞改革也靠这个。"①

邓小平针对外国舆论界多次无端猜测中国领导层这个人是"改革派"那个人是"保守派"的论调，明确指出"我是实事求是派"。

中国特色社会主义新时代，2020 年 9 月，习近平总书记到湖南调研期间登上岳麓山，在湖南大学岳麓书院指出，"岳麓书院是党的实事求是思想路线的一个策源地"。

9 月 17 日下午，岳麓山细雨蒙蒙，荷花带露。习近平总书记走进千年学府岳麓书院时，首先映入眼帘的是震撼五岳的"惟楚有才，于斯为盛"八个大字。在岳麓书院中心讲堂前，习近平总书记久久凝望"实事求是"的巨幅匾额，语重心长地对大家说："毛主席当年就是在这里熏陶出来的，实事求是就来源于这里。共产党怎么能成功呢？当年在石库门，在南湖上那么一条船，那么十几个人，到今天这一步。这里面的道路一定要搞清楚，一定要把真理本土化。"②

习近平总书记的话，是对中国共产党坚持实事求是思想路线的深刻总结，是对中国共产党坚持马克思主义中国化本土化的深刻总结。

"实事求是"也体现在习近平总书记湖南调研过程中。为了谋划中华人民共和国国民经济和社会发展第十四个五年规划纲要蓝图，习近平总书记在湖南调查研究，问计于民，主持召开基层代表座谈会，与村级党支部书记、

---

① 《邓小平文选》第 3 卷，人民出版社，1994 年，第 382 页。
② 苏晓洲、高敬、崔俊杰：《实事求是，从这里走来——习近平总书记到过的红色圣地之湖南篇》，《云南日报》2021 年 5 月 24 日。

乡村教师、扶贫干部、农民工、种粮大户、快递小哥、餐馆店主等来自"草根阶层"的代表们齐聚一堂，听取来自基层各行各业代表的发言，同基层干部、群众代表深入交流。

中国共产党在百年奋斗中始终不渝地坚持将马克思主义基本原理与中国革命、建设和改革开放的具体实际相结合，创造了伟大成就。

探寻以人民为中心发展思想的历史渊源

中华优秀传统文化蕴含丰富的民本思想。中华优秀传统文化提倡"国以民为本，社稷亦为民而立"。坚持以人民为中心的发展思想与之存在历史渊源。

西周时期的统治阶层一方面把皇帝奉为至高无上的"天子"，一方面从殷商灭亡中认识到"民之所欲，天必从之"。春秋时期王室衰微，诸侯争霸，天下大乱，"礼崩乐坏"，促使统治阶层的有识之士逐渐认识到"政之所兴，在顺民心，政之所废，在逆民心"。在此基础上，孔子提出"节用而爱人，使民以时"思想，孟子提出"民为贵，社稷次之，君为轻"的思想。这些观点提示统治者要"爱民""利民"，轻徭薄赋，听政于民。这标志着中国古代民本思想基本形成。

到了宋代，著名思想家、哲学家和教育家朱熹编撰了《四书章句集注》。毛泽东少年时代在韶山私塾曾熟读《四书章句集注》，对其中的《孟子》印象尤其深刻。孟子主张"尚志"，即树立雄心壮志；主张立志要有"恒心"，需要磨砺。"宝剑锋从磨砺出，梅花香自苦寒来。"

毛泽东多次引用《四书章句集注·孟子·告子下》："故天将降大任于是人也，必先苦其心志，劳其筋骨，饿其体肤，空乏其身，行拂乱其所为，所以动心忍性，曾益其所不能。""生于忧患，而死于安乐也。"

青年毛泽东在湖南第一师范学校的课堂笔记《讲堂录》中写道："惟安贫者能成事，故曰咬得菜根，百事可做。"

朱熹集孔孟以来儒学之大成，对中国古代民本思想作了深入阐发，提出"国以民为本""平易近民，为政之本"等民本思想和"取信于民""富民为本"等具体主张。

2018 年 6 月，习近平总书记在党的第十九届中央政治局第六次集体学习时的讲话中引用古语"国以民为本，社稷亦为民而立"，此话出自朱熹《四书章句集注》。这是朱熹对孟子"民为贵，社稷次之，君为轻"思想作出的进一步阐释，意思是说"国家以人民为根本，也是为人民而设立的"。

习近平总书记强调，加强党的政治建设，要紧扣民心这个最大的政治，把赢得民心民意、汇集民智民力作为重要着力点。

习近平总书记还指出，毛泽东同志要求全党同志必须全心全意为人民服务，邓小平同志要求我们做工作必须考虑群众拥护不拥护、赞成不赞成、高兴不高兴、答应不答应，江泽民同志提出我们党要始终代表中国最广大人民根本利益，胡锦涛同志提出必须把实现好、维护好、发展好最广大人民根本利益作为一切工作的出发点和落脚点，我们这一届党中央明确提出"人民对美好生活的向往，就是我们的奋斗目标"，是一以贯之的。

习近平总书记还强调，中国特色社会主义这条道路来之不易，它是在改革开放的伟大实践中走出来的，是在中华人民共和国成立以来的持续探索中走出来的，是在对近代以来中华民族发展历程的深刻总结中走出来的，是在对中华民族五千多年悠久文明的传承中走出来的，具有深厚的历史渊源和广泛的现实基础。①

---

① 《习近平在中共中央政治局第七次集体学习时强调　在对历史的深入思考中更好走向未来 交出发展中国特色社会主义合格答卷》，《人民日报》2013 年 6 月 27 日。

党的十八大以来，民本思想在中国共产党的治国理政实践中得到传承与发展。

党的十八大闭幕后，习近平总书记强调，"人民对美好生活的向往就是我们的奋斗目标"；党的十九大正式确立以人民为中心的发展思想，完成"全面建成小康社会"的实践创造和理论创新；党的十九届六中全会通过的《中共中央关于党的百年奋斗重大成就和历史经验的决议》中，将"坚持人民至上"作为中国共产党百年经验之一。

中国特色社会主义新时代，确立以人民为中心的发展思想，树立了马克思主义基本原理同中华优秀传统文化相结合的典范。

打造各具特色的现代版"富春山居图"

中华优秀传统文化包含着无数传世之作，著名的《富春山居图》就是其中之一。它是元代画家黄公望 1350 年创作的纸本水墨画，被誉为中国十大传世名画之一。该画本是黄公望为师弟郑樗（无用师）所绘，前半卷《剩山图》现存浙江省博物馆，后半卷《无用师卷》则藏于台北"故宫博物院"。《富春山居图》寄托着作者对祖国大好河山无限深沉的挚爱，名义上是将富春江两岸的山山水水尽收画卷，实际上蕴含着作者对中华大地壮丽河山的无限眷恋。《富春山居图》属于中华民族的国宝，2011 年 6 月，前后两段曾在台北首度合璧展出。

中国特色社会主义新时代，习近平总书记将中华优秀传统文化的古代精品《富春山居图》与中国共产党实现乡村振兴战略紧密联系在一起，尽显和谐美丽之意象。

2018 年 9 月 21 日，党的第十九届中央政治局以实施乡村振兴战略为主题进行集体学习。习近平总书记指出："要科学把握乡村的差异性，因村制宜，精准施策，打造各具特色的现代版'富春山居图'。"

实现中华民族伟大复兴的关键是实现乡村振兴，习近平总书记关注的浙江省安吉县天荒坪镇余村树立了"打造各具特色的现代版'富春山居图'"的样板。余村位于天目山下，属于江南地貌，由于受到三面环山地形限制，交通不便，不利于引进大型工业企业，也不利于发展规模化农业。20 世纪80 年代起，余村"靠山吃山"办起了三个采石场和一个水泥厂，许多村民在矿上务工。余村集体经济年收入一度达到 300 多万元，成为安吉县首富村。2003 年到 2005 年间，浙江建设"生态省"，安吉建设"生态县"。根据全省大局，余村陆续关停了原有的矿山、水泥厂，全村集体经济年收入由 300 多万元降到 20 多万元。

2003 年 4 月 9 日，时任中共浙江省委书记习近平第一次到安吉县调查研究。他实地调研了竹子博览园、抽水蓄能电站、白茶生产基地等，深入了解安吉县"生态立县"的做法与经验。2005 年 8 月 15 日，习近平第二次到安吉县调查研究，在余村听取各级干部的工作汇报。最后，习近平十分肯定地说："刚才你们讲了，下决心停掉一些矿山，这个都是高明之举。绿水青山就是金山银山。"

安吉调研结束后，习近平回到杭州，8 月 24 日在《浙江日报》"之江新语"专栏发表短论，详细阐述"绿水青山就是金山银山"的新发展理念。这是习近平总书记提出"绿水青山就是金山银山"生态文明思想的源头。从此，浙江省成为"绿水青山就是金山银山"的首倡省，安吉县成为"绿水青山就是金山银山"的发源县，余村成为"绿水青山就是金山银山"的发源地。

习近平总书记关于"绿水青山就是金山银山"的生态文明发展理念为余村发展指明了前进方向。

浙江省"七山一水两分田"，突出特点是山地多平原少，具有十分明显的生态优势。习近平总书记提出："如果能够把这些生态环境优势转化为生态农业、生态工业、生态旅游等生态经济的优势，那么绿水青山也就变成了金山银山。"

余村扬长避短，发掘优势，充分利用长三角腹地的有利区位，充分发挥"绿水青山就是金山银山"的独特魅力，着力发展旅游经济，走上绿色发展之路。余村关停全部矿山、水泥厂，修复冷水洞水库，拆除溪边违法建筑。整个余村，河流畅通，溪水清澈，竹苞松茂，鹊峙鸢停，鸟语花香，花木扶疏，"不是仙境胜似仙境"。绿色发展有力地提升了余村公共设施，"栽下梧桐树，引来金凤凰"。余村的绿色发展之路吸引了众多旅游者，每天都有大量游客到余村观光旅游，体验余村的生态文明环境。绿色的余村成为全面推进乡村振兴的"明星村"和现代版"富春山居图"最具代表性村庄，提前进入小康。

2020 年 3 月 30 日，习近平总书记冒着蒙蒙细雨再次来到余村，沿着村里道路，欣喜地看到，青山叠嶂、流水潺潺、道路整洁，村民住进了美丽的楼房。习近平总书记十分高兴地说，时间如梭，当年的情形历历在目，这次来看完全不一样了、美丽乡村建设在余村变成了现实。余村现在取得的成绩证明，绿色发展的路子是正确的，路子选对了就要坚持走下去。

现在，浙江省已率先成为"绿水青山就是金山银山"的绿色发展省，安吉县已成为"绿水青山就是金山银山"的绿色标杆县，余村已成为"绿水青山就是金山银山"的绿色示范村。实践证明，2005 年，习近平在浙江安吉余村首倡"绿水青山就是金山银山"，是一个改变中国农村发展理念的科学论断，指引着中国走出了一条绿色发展之路。升级版、现代版的"富春山居图"正在中国大地成为现实。党的二十大指出："我们坚持绿水青山就是金山银山的理念，坚持山水林田湖草沙一体化保护和系统治理，全方位、全地域、全过程加强生态环境保护，生态文明制度体系更加健全，污染防治攻坚向纵深推进，绿色、循环、低碳发展迈出坚实步伐，生态环境保护发生历史性、转折性、全局性变化，我们的祖国天更蓝、山更绿、水更清。"①

不断将全面深化改革推向前进

党的十一届三中全会开启当代中国改革开放的壮丽征程，党的十二大提出全面开创社会主义现代化新局面，党的十三大确立中国共产党"以经济建设为中心，坚持四项基本原则，坚持改革开放"的社会主义初级阶段基本路线。改革开放成为大势所趋、人心所向，极大地激发了中国人民创造美好幸福生活的积极性、主动性和创造性。中国通过改革开放，大踏步赶上了世界发展潮流。

在改革开放进程中，农村改革异军突起，对外开放大潮滚滚，经济特区一马当先，经济体制改革成效显著，教育体制改革、科技体制改革、卫生体制改革、国防和军队体制改革等各个领域的改革，犹如万马奔腾，阔步向前。改革开放极大地改变了中国共产党的面貌、中国人民的面貌和中华民族的面貌。中国迅速发展成为世界第二大经济体。习近平总书记指出："中国人民具有伟大梦想精神，中华民族充满变革和开放精神。几千年前，中华民族的先民们就秉持'周虽旧邦，其命维新'的精神，开启了缔造中华文明的伟大实践。自古以来，中国大地上发生了无数变法变革图强运动，留下了'治世不一道，便国不法古'等豪迈宣言。"②

中国特色社会主义新时代，在深入调查研究的基础上，党的十八届三中全会通过《中共中央关于全面深化改革的决定》，对全面深化改革进行全方位的"顶层设计"，提出一系列具有针对性和可操作性的重大举措，在实践中不断将全面深化改革推向前进。全面深化改革总目标是完善和发展中国特

① 习近平：《高举中国特色社会主义伟大旗帜 为全面建设社会主义现代化国家而团结奋斗——在中国共产党第二十次全国代表大会上的报告》，《人民日报》2022年10月26日。
② 习近平：《在庆祝改革开放40周年大会上的讲话》，《求是》2018年第24期。

色社会主义制度、推进国家治理体系和治理能力现代化，着力增强改革系统性、整体性、协同性，着力抓好重大制度创新，着力提升人民群众获得感、幸福感、安全感，推出1600多项改革方案，啃下了不少硬骨头，闯过了不少急流险滩，使新时代深化改革呈现全面发力、多点突破、蹄疾步稳、纵深推进的局面。党的十八届三中全会提出，实践发展永无止境，解放思想永无止境，改革开放永无止境。只有全面深化改革，才能不断增强中国特色社会主义的道路自信、理论自信、制度自信和文化自信。

全面深化改革，必须凝聚全民族力量。中华优秀传统文化"天下兴亡，匹夫有责"；"先天下之忧而忧，后天下之乐而乐"；"位卑未敢忘忧国"；"为天地立心，为生民立命，为往圣继绝学，为万世开太平"等理念，为全面深化改革提供了取之不尽、用之不竭的精神动力。

全面推进依法治国

春秋战国时期，郑国子产"铸刑鼎"，魏国李悝变法，楚国吴起变法，秦国商鞅变法，体现了社会发展要求生产关系必须适应生产力、上层建筑必须适应经济基础，把法治提升到国家制度层面。

习近平总书记多次引用法家经典"国皆有法，而无使法必行之法""法令既行，纪律自正，则无不治之国，无不化之民"，强调依法治国的重要性。

习近平总书记引用中华传统文化阐述执法之道："首先，领导干部要懂法，'为官之义在于明法'。知道哪些可为，哪些不可为。'明'也是让自己懂法，在内心拉一条底线。其次，领导干部带头遵纪守法，所谓'子帅以正，孰敢不正'，才能让法令顺利推行。最后，领导干部执法时要公平正直，理国要道，在于公平正直。"

习近平总书记强调："依法治国是党领导人民治理国家的基本方略，法治是治国理政的基本方式，要更加注重发挥法治在国家治理和社会管理中的重要作用，全面推进依法治国，加快建设社会主义法治国家。"

党的十八届三中全会提出，要推进法治中国建设。

在纪念中华人民共和国现行宪法公布施行 30 周年大会上，习近平总书记强调："党领导人民制定宪法和法律，党领导人民执行宪法和法律，党自身必须在宪法和法律范围内活动，真正做到党领导立法、保证执法、带头守法。"这是中国共产党向全国全世界的庄严宣示。

全面从严治党

习近平总书记从中华优秀传统文化汲取历史智慧，全面从严治党，成效显著。

习近平总书记引用苏辙"去民之患，如除腹心之疾"来说明全面从严治党、反腐倡廉是民心所向、刻不容缓。他引用《官箴》"当官之法，惟有三事，曰清、曰慎、曰勤"，来要求领导干部清白做人，谨慎克己，勤恳创业。他引用孔子"政者，正也。其身正，不令而行；其身不正，虽令不从"，来强调为政须自身端正。他提出，全面从严治党，要以上率下，从中央做起，"向中央看齐"。为此，制定"八项规定"，开展党的群众路线教育实践活动，进行"三严三实"专题教育，把"两学一做"学习教育落到实处，开展"不忘初心、牢记使命"主题教育、党史学习教育、学习贯彻习近平新时代中国特色社会主义思想主题教育，以点带面，推动全局。

在反腐倡廉中，习近平总书记指出：为了更好地推动这一工作，需要积极借鉴我国历史上反腐倡廉的宝贵遗产。研究我国反腐倡廉历史，了解我国古代廉政文化，考察我国历史上反腐倡廉的成败得失，可以给人以深刻启迪，有利于我们运用历史智慧推进反腐倡廉建设。习近平总书记以"刮骨疗毒，壮士断腕"的决心，"老虎""苍蝇"一起打，坚决查处腐败分子，发现问题就及时处理。紧紧抓住全面从严治党这个主题，深化反腐败体制机制改革，建立巡视制度和派驻制度，提高反腐败力度；通过《中华人民共和国刑法修正案》提高反腐败法治水平；健全反腐败制度建设，通过《中国共产党廉洁自律准则》《中国共产党纪律处分条例》；加强反腐败国际合作，提高国际追逃追赃力度。

习近平总书记指出："锄一害而众苗成，刑一恶而万民悦。"坚持有腐必惩、有贪必肃。加强反腐败国际多边双边合作，启动"天网行动"，加大追逃追赃力度，将一批外逃多年的犯罪分子缉拿归案。中国主动提出一系列反腐败国际合作倡议，倡议构建国际反腐新秩序，赢得了国际社会的尊重。

民心是最大的政治。正所谓"天下何以治？得民心而已！天下何以乱？失民心而已！"社情民意是观察政治问题的晴雨表。反腐败增强了人民群众对党的信任和支持。全面从严治党，党自我净化、自我完善、自我革新、自我提高能力显著提高，执政基础和群众基础更加巩固。

三

从中华优秀传统文化中汲取美好生活期盼

小康是中华民族自古以来不懈追求的梦想。从西周开始，"小康"便成为中华民族世世代代的期盼。改革开放初期，邓小平描绘了实现"小康"的宏伟蓝图。中国共产党接续奋斗，中国特色社会主义新时代实现全面建成小康社会目标，铸就中华民族气壮山河的恢宏史诗。

汲取中华优秀传统文化中的"小康"思想

《诗经》是中华民族第一部诗歌总集，西周时期从民间采风汇集而成。《诗经·大雅·民劳》记载的"民亦劳止，汔可小康；惠此中国，以绥四方"，是中华民族对"小康"最早的历史记忆。

中国古代经典著作《礼记》具体阐发了中华民族对"小康"的殷切期待：

> 大道之行也，天下为公。选贤与能，讲信修睦。故人不独亲其亲，不独子其子；使老有所终，壮有所用，幼有所长，矜、寡、孤、独、废疾者皆有所养，男有分，女有归。货恶其弃于地也，不必藏于己；力恶其不出于身也，不必为己。是故谋闭而不兴，盗窃乱贼而不作，故外户而不闭。是谓"大同"。

今大道既隐，天下为家。各亲其亲，各子其子，货力为己。大人世及以为礼，城郭沟池以为固。礼义以为纪，以正君臣，以笃父子，以睦兄弟，以和夫妇；以设制度，以立田里；以贤勇知，以功为己。故谋用是作，而兵由此起。禹、汤、文、武、成王、周公，由此其选也。此六君子者，未有不谨于礼者也。以著其义，以考其信，著有过，刑仁，讲让，示民有常。如有不由此者，在埶者去，众以为殃。是谓"小康"。

中华民族先辈们认为，小康意味着安定、富足的生活状态。《礼记》描绘的就是远古时期夏禹、商汤、周文王、周武王、周成王、周公治理下的盛世形态。宋朝洪迈《夷坚志》曾有"久困于穷，冀以小康"的记载。《明太宗实录》记载："如得斯民小康，朕之愿也。"古人认为，小康就是经济宽裕、生活富足。

20世纪70年代末期的中国，面临经济落后、人口众多的局面，如何设定改革开放初期的基本目标？改革开放总设计师邓小平具有中华优秀传统文化的深厚造诣，善于从中汲取政治智慧和历史智慧。他从中华优秀传统文化中的"小康"得到启发，提出建设"小康"社会的思想。可以说，中国共产党提出的"奔小康""小康之家""建设小康""全面建设小康社会""全面建成小康社会""决胜全面建成小康社会"话语，其文化渊源均在中华优秀传统文化。

以"小康"表述"中国式的现代化"目标

改革开放初期提出的"小康"即为"中国式的现代化"目标。

1979年3月，邓小平提出"中国式的现代化"新概念。他说，我同外国人谈话，用了一个新名词："中国式的现代化"。到 20 世纪末，我们大概只能达到发达国家 70 年代的水平。

1979 年 12 月，日本首相大平正芳访问中国。他是实现中日邦交正常化后第一位访华的日本首相。此时，中国已经实现以经济建设为中心的历史性转变，实事求是深入人心，解放思想如火如荼，改革开放成为民族共识。

12 月 6 日，邓小平会见大平正芳。在会谈中，邓小平第一次提出著名的"小康"目标。

大平正芳问：中国根据自己独立的立场提出了宏伟的现代化规划，将来会是什么样的情况，整个现代化的蓝图是如何构思？

邓小平胸有成竹，开门见山，直奔主题，直截了当地回答："我们要实现的四个现代化，是中国式的四个现代化。我们的四个现代化的概念，不是像你们那样的现代化的概念，而是'小康之家'。到本世纪末，中国的四个现代化即使达到了某种目标，我们的国民生产总值人均水平也还是很低的。要达到第三世界中比较富裕一点的国家的水平，比如国民生产总值人均一千美元，也还得付出很大的努力。就算达到那样的水平，同西方来比，也还是落后的。所以，我只能说，中国到那时也还是一个小康的状态。当然，比现在毕竟要好得多了。到了那个时候，我们有可能对第三世界的贫穷国家提供更多一点的帮助。那个时候，中国国内市场比较大了，相应的，与国外的经济交往，包括发展贸易，前景就更加宽广了。"①

邓小平向大平正芳强调："有人担心，如果中国那时候稍微富一点了，会不会在国际的竞争中起很大的作用？既然中国只是一个小康的国家，就不会发生这样的问题。"②

后来，邓小平将"小康"概括为"不穷不富，日子比较好过"，即从解

① 《邓小平文选》第 2 卷，人民出版社，1994 年，第 237—238 页。
② 《邓小平文选》第 2 卷，人民出版社，1994 年，第 238 页。

决温饱阶段到实现现代化的中间发展阶段。

20 世纪 80 年代，邓小平多次阐述"小康"愿景。

1987 年 4 月，邓小平指出："总的来说，我们确定的目标不高，从 1981 年开始到本世纪末，花 20 年的时间，翻两番，达到小康水平，就是年国民生产总值人均 800 到 1000 美元。在这个基础上，再花 50 年的时间，再翻两番，达到人均 4000 美元。那意味着什么？ 就是说，到下一个世纪中叶，我们可以达到中等发达国家的水平。"①

为此，邓小平完整提出"三步走"发展战略：到 20 世纪 80 年代末，人均国民生产总值达到 500 美元，20 世纪末达到 1000 美元， 21 世纪中叶达到中等发达国家水平。

当时，邓小平赋予"小康"的科学内涵和时代内容"就是到本世纪末在中国建立一个'小康'社会。这个'小康'社会，叫作'中国式的现代化'"。

从此，"小康"社会作为经济发展、政治民主、文化繁荣、社会和谐、环境优美、生活殷实、人民安居乐业和综合国力强盛的经济、政治、文化、社会、生态等全面协调发展的奋斗目标，成为实现中华民族伟大复兴的重要社会发展阶段。

改革开放以来，中国共产党对建设小康社会一以贯之。党的十二大确定全面开创社会主义现代化建设新局面，正式把实现"小康"作为中国经济发展的战略目标。党的十三大阐述中国处于社会主义初级阶段，确立"以经济建设为中心，坚持四项基本原则，坚持改革开放"的社会主义初级阶段基本路线。党的十四大提出加快改革开放和现代化建设步伐，夺取有中国特色社

---

① 《邓小平文选》第 3 卷，人民出版社，1994 年，第 224 页。

会主义事业的更大胜利。党的十五大要求高举邓小平理论伟大旗帜，把建设有中国特色社会主义事业全面推向 21 世纪。党的十六大系统论述全面建设小康社会，开创中国特色社会主义事业新局面。中共中央纵观全局，认为 21 世纪头二十年对中国来说是一个必须紧紧抓住并且可以大有作为的重要战略机遇期。根据党的十五大提出的到 2010 年、中国共产党建党 100 年和中华人民共和国成立 100 年的发展目标，要在 20 世纪头二十年，集中力量，全面建设惠及十几亿人口的更高水平的小康社会，使经济更加发展、民主更加健全、科教更加进步、文化更加繁荣、社会更加和谐、人民生活更加殷实。这是实现中国社会主义现代化建设第三步战略目标必经的承上启下的发展阶段，也是完善社会主义市场经济体制和扩大对外开放的关键阶段。经过这个阶段的建设，再继续奋斗几十年，到 21 世纪中叶基本实现现代化，把中国建成富强、民主、文明的社会主义国家。中国共产党全面建设小康社会目标，是中国特色社会主义经济、政治、文化全面发展的目标，是与加快推进现代化相统一的目标，符合中国国情和现代化建设实际，符合人民愿望，意义十分重大。实现全面建设小康社会目标，国家将更加繁荣富强，人民生活将更加幸福美好，中国特色社会主义将进一步显示巨大的优越性。党的十七大提出高举中国特色社会主义伟大旗帜、为夺取全面建设小康社会新胜利而奋斗的任务。

系统阐述和部署全面建成小康社会

党的十八大提出，"坚定不移沿着中国特色社会主义道路前进，为全面建成小康社会而奋斗"。从这时起，习近平总书记将"全面建设小康社会"改为"全面建成小康社会"。

2013 年，习近平主席向国际社会宣布，中国未来的目标是到 2020 年全面建成惠及十几亿人口的小康社会。

党的十九大宣布，"决胜全面建成小康社会，夺取新时代中国特色社会主义伟大胜利"。从党的十九大起，习近平总书记将"全面建成小康社会"改为"决胜全面建成小康社会"，并对"小康"目标一抓到底。

从习近平主席访问美国期间在西雅图中美友好组织欢迎会上的演讲，可以看出他"决胜全面建成小康社会"的初心所在。

习近平主席在美国讲述决心全面建成小康社会的"梁家河故事"。2015年9月22日傍晚，习近平主席在美国西雅图出席华盛顿州政府和美国友好团体联合欢迎宴会并发表演讲。他根据自己亲身经历，满怀深情地向美国听众讲述中国发展历程。

习近平主席说："新中国成立以来特别是改革开放以来，中国走过了一段很不平凡的历程，我们这一代中国人对此有着切身的体会。上世纪60年代末，我才十几岁，就从北京到中国陕西省延安市一个叫梁家河的小村庄插队当农民，在那儿度过了7年时光。那时候，我和乡亲们都住在土窑里、睡在土炕上，乡亲们生活十分贫困，经常是几个月吃不到一块肉。我了解乡亲们最需要什么！后来，我当了这个村子的党支部书记，带领乡亲们发展生产。我了解老百姓需要什么。我很期盼的一件事，就是让乡亲们饱餐一顿肉，并且经常吃上肉。但是，这个心愿在当时是很难实现的。"①

习近平主席继续说："今年春节，我回到这个小村子。梁家河修起了柏油路，乡亲们住上了砖瓦房，用上了互联网，老人们享有基本养老，村民们有医疗保险，孩子们可以接受良好教育，当然吃肉已经不成问题。这使我更加深刻地认识到，中国梦是人民的梦，必须同中国人民对美好生活的向往结合起来才能取得成功。梁家河这个小村庄的变化，是改革开放以来中国社会发

---

① 《习近平谈治国理政》第2卷，外文出版社，2017年，第29页。

展进步的一个缩影。我们用了 30 多年时间，使中国经济总量跃居世界第二，13 亿多人摆脱了物质短缺，总体达到小康水平，享有前所未有的尊严和权利。这不仅是中国人民生活的巨大变化，也是人类文明的巨大进步，更是中国对世界和平与发展事业的重要贡献。"①

中国人民实现国家富强、民族振兴、人民幸福的中国梦与实现持久和平、共同繁荣的世界梦并不矛盾。习近平主席讲述中国人民追求美好幸福"小康"生活产生极大反响。

美国星巴克董事会名誉主席霍华德·舒尔茨是听众之一，脑海里深深印上了"梁家河"这个地名。2020 年 11 月 9 日，舒尔茨致函习近平主席："时至今日，我仍记得您那天分享的关于梁家河的故事。您提到，重访梁家河，其翻天覆地的变化正是中国过去四十年改革开放成就的缩影。在您的领导下，中国于 2020 年实现了全面建成小康社会的宏伟目标。我对中国人民和中国文化充满敬意。中国梦所蕴含的'对美好生活的向往'让我联想到美国梦。"

2021 年 1 月 6 日，舒尔茨收到了习近平主席的回信。习近平主席写道，在中国共产党领导下，14 亿中国人民为全面建成小康社会、建设社会主义现代化进行长期艰苦努力。中国开启全面建设社会主义现代化国家新征程，将为包括星巴克等美国企业在内的世界各国企业在华发展提供更加广阔的空间。希望星巴克公司为推动中美经贸合作和两国关系发展作出积极努力。在中国特色社会主义新时代，中国人民对小康生活的向往以日新月异的速度成为现实。

习近平总书记深入贫困地区创造性提出"精准扶贫"建成"小康村"。2013 年 11 月，习近平总书记来到湖南省地处山区、贫困地区，又是少数民

---

① 《习近平谈治国理政》第 2 卷，外文出版社，2017 年，第 29—30 页。

族地区的湘西土家族苗族自治州花垣县排碧乡十八洞村调研。当时，十八洞村是极度贫困村。习近平总书记在十八洞村走访"低保户""特困户"，实地调研村民的生产和生活情况。然后，他和村干部、村民代表等一起座谈推动十八洞村奔向"小康"的举措。在这次调研中，习近平总书记首次提出"精准扶贫"。习近平总书记说，抓扶贫开发，既要整体联动、有共性的要求和措施；又要突出重点，加强对特困村和特困户的帮扶。按照"精准扶贫"新思路，中国共产党确定"精准扶贫"战略，成效显著。

2016年3月8日，习近平总书记来到北京人民大会堂东大厅出席全国人大会议的湖南代表团现场，一开口就问："去年有多少人娶媳妇？"

全国人大代表、湘西土家族苗族自治州州长回答："7个。"

听着习近平总书记与州长对话，与会代表开心地笑了。习近平总书记问的正是十八洞村情况。

这天上午，习近平总书记参加湖南代表团会议。州长发言中回忆了习近平总书记到十八洞村调研的情景。

习近平总书记说，我正式提出"精准扶贫"就是在十八洞村，前几天中央电视台报道的十八洞村脱贫进展情况，我都看了。

接着，习近平总书记又问："现在人均收入有多少了？"

州长回答："您当年来的时候是1680元，现在已经增加到3580元。"州长说，十八洞村百姓收入增加，村容村貌变化，已成为全省文明村和旅游定点村，村民笑容多了、求发展愿望强了，连大龄男青年解决"脱单"问题也容易了。

习近平总书记提出"精准扶贫""脱贫攻坚"，把"小康不小康，关键看老乡"作为"全面建成小康社会"的"硬指标"，使贫困群体过上了丰衣足食的幸福生活。

从中华民族古代憧憬"小康"到邓小平提出"小康之家"，从"建设小康"

到"全面建成小康社会"，习近平总书记既继承前人又不断创新，引领着"全面建成小康社会"的发展方向。

习近平总书记经常到革命老区、少数民族地区、贫困地区、边疆地区和山区调查研究，分类指导，务求实效。自提出"全面建成小康社会""脱贫攻坚"以来，习近平总书记走遍全国 14 个集中连片特困地区考察调研，推动"全面建成小康社会""脱贫攻坚"有序展开，步步深入。

决胜全面建成小康社会，得人心，促发展，提升党的民望，凝聚全民共识，是中国共产党为实现中华民族伟大复兴作出的重大贡献。

在中国共产党成立 100 周年之际，习近平总书记庄严宣告，经过全党全国各族人民持续奋斗，我们实现了第一个百年奋斗目标，在中华大地上全面建成了小康社会，历史性地解决了绝对贫困问题，正在意气风发向着全面建成社会主义现代化强国的第二个百年奋斗目标迈进。①

在中华民族五千多年文明史上，实现"小康"是中国人民世世代代的期盼。从"奔小康"到"决胜全面建成小康社会"，最大限度地激发了中国人民全力以赴"以经济建设为中心"的积极性、追求美好幸福生活的创造性和实现中华民族伟大复兴的历史主动性，最大限度地反映了中国人民摆脱贫困、实现富裕的共同心愿，最大限度地凝聚了中华民族万众一心、奋发图强的共识，最大限度地代表了全国人民的根本利益和价值追求，最大限度地体现了全国各族人民的根本愿望和奋斗目标。这是中华民族亘古以来的最大共识。

经过从改革开放初始阶段到中国特色社会主义新时代的接续奋斗，昔日经济文化落后的农村面貌一去不复返，"全面建成小康社会"在中华大地上

---

① 习近平：《在庆祝中国共产党成立 100 周年大会上的讲话》，《人民日报》2021 年 7 月 2 日。

展现出美丽画卷——

　　华东大地的田野里，青年农民驾驶着具有收割机与脱粒机双重功能的现代化联合收割机在麦田里奔驰，将金灿灿的麦子收割得干干净净。驾驶员将联合收割机开到地头，把已经脱粒的麦子直接输送到农用汽车装载麦子的麻袋里，直接运到粮食仓库或者面粉厂。在中原大地，每年麦收季节，由浩浩荡荡的联合收割机组成的钢铁洪流，根据季节和温差，按照麦子成熟先后，由南部往北部，依次收割麦子，成为中国特色社会主义新时代的现代化"麦客"。数日之内，这些新时代的"装甲兵团"将成千上万亩麦子收割得一干二净。在西南边疆云南瑞丽的大山深处，标准化的"村村通"水泥公路通向各个少数民族村寨，不仅实现了"村村通"，而且实现了"户户通"——"村村通"水泥公路直接通到少数民族村寨每家每户的现代化"吊脚楼"门前。少数民族同胞昔日破旧的房子依然存在，但已成为粮食仓库和存放农具的地方。新型的两层以上的别墅式"吊脚楼"建筑成为每家每户的"标配"。屋里有彩色电视机、电冰箱、洗衣机等各种家用电器。院子里的摩托车、电动车、小轿车、农用汽车等一应俱全。生活上必需的自来水、液化气等供应与城市完全一样。真是"昔日王谢堂前燕，飞入寻常百姓家"。在西南边境地区，中国农村的少数民族生活已经进入"小康"水平。

　　党的二十大指出："我们经过接续奋斗，实现了小康这个中华民族的千年梦想，我国发展站在了更高历史起点上。我们坚持精准扶贫、尽锐出战，打赢了人类历史上规模最大的脱贫攻坚战，全国八百三十二个贫困县全部摘帽，近一亿农村贫困人口实现脱贫，九百六十多万贫困人口实现易地搬迁，历史性地解决了绝对贫困问题，为全球减贫事业作出了重大贡献。"①

　　党的十九届六中全会强调，全党必须永远保持同人民群众的血肉联系，践行以人民为中心的发展思想，不断实现好、维护好、发展好最广大人民根本利益，团结带领全国各族人民不断为美好生活而奋斗。从中华优秀传统文化"民为邦本"的民本思想到中国特色社会主义新时代"坚持人民至上"。习近平新时代中国特色社会主义思想源远流长，守正创新，指引着中国人民在全面建成社会主义现代化强国新征程上砥砺前行。

---

　　① 习近平：《高举中国特色社会主义伟大旗帜 为全面建设社会主义现代化国家而团结奋斗——在中国共产党第二十次全国代表大会上的报告》，《人民日报》2022 年 10 月 26 日。

四

从中华优秀传统文化中汲取协和万邦的天下观

中华优秀传统文化是中华民族对人类文明发展的重大贡献。在中国人的精神世界里，自古以来，人类命运共同体理念就引领着中华民族对价值理想世界的憧憬和永恒价值的追求。[①] 习近平总书记运用中华优秀传统文化应对国际问题，阐述中国独立自主的和平外交政策，提出构建人类命运共同体，取得巨大成果。

立基中华文明底蕴定位中国与世界关系

中国是世界的一部分，中国的发展离不开世界。中国的发展在人类发展史上具有非同寻常的重要地位。1987 年 4 月 26 日，邓小平指出："中国科学技术落后，困难比较多，特别是人口太多，现在就有十亿五千万，增加人民的收入很不容易，短期内要摆脱贫困落后状态很不容易。"[②] 为此，中国以"面向现代化，面向世界，面向未来"的气魄实行改革开放，实现了中国的跨越式发展。在这个过程中，中国坚持走和平发展道路，正确定位中国与世界关系。

---

① 张立文：《中华传统文化与人类命运共同体》，《光明日报》2017 年 11 月 6 日。
② 《邓小平文选》第 3 卷，人民出版社，1994 年，第 224 页。

中国走和平发展道路，来源于中华文明的深厚底蕴。

5000 多年的中华文化，蕴含着天人合一的宇宙观、协和万邦的国际观、和而不同的社会观、人心和善的道德观。

《尚书》中有言："曰若稽古，帝尧曰放勋，钦明文思安安，允恭克让，光被四表，格于上下。克明俊德，以亲九族；九族既睦，平章百姓；百姓昭明，协和万邦。"其意是，古代传说，帝尧放勋，深思严谨，谦恭礼让，泽被四方，普照大地，明察俊才，亲密同族；同族和睦，民众团结，协调各国，友善和睦。这深刻表达了自古以来中华民族崇尚光明磊落、道德高尚、家族和睦、社会和谐的"协和万邦"的理念。"协和万邦"已是中华优秀传统文化的历史基因。

2014 年，习近平主席在德国科尔伯基金会的演讲中指出："中华民族是爱好和平的民族。一个民族最深沉的精神追求，一定要在其薪火相传的民族精神中来进行基因测序。有着 5000 多年历史的中华文明，始终崇尚和平，和平、和睦、和谐的追求深深植根于中华民族的精神世界之中，深深溶化在中国人民的血脉之中。中国自古就提出了'国虽大，好战必亡'的箴言。'以和为贵'、'和而不同'、'化干戈为玉帛'、'国泰民安'、'睦邻友邦'、'天下太平'、'天下大同'等理念世代相传。中国历史上曾经长期是世界上最强大的国家之一，但没有留下殖民和侵略他国的记录。我们坚持走和平发展道路，是对几千年来中华民族热爱和平的文化传统的继承和发扬。"①

2015 年 11 月，习近平主席在新加坡国立大学的演讲中指出："和平发展思想是中华文化的内在基因，讲信修睦、协和万邦是中国周边外交的基本内涵。"②

2017 年 1 月，习近平主席在联合国日内瓦总部全面阐述构建人类命运

---

① 习近平：《在德国科尔伯基金会的演讲》，《人民日报》2014 年 3 月 30 日。
② 习近平：《深化合作伙伴关系 共建亚洲美好家园——在新加坡国立大学的演讲》，《人民日报》2015 年 11 月 8 日。

共同体这一时代命题，他指出，"海纳百川，有容乃大"。要推进国际关系民主化，不能搞"一国独霸"或"几方共治"。世界命运应该由各国共同掌握，国际规则应该由各国共同书写，全球事务应该由各国共同治理，发展成果应该由各国共同分享。

习近平主席说："大道至简，实干为要。构建人类命运共同体，关键在行动。我认为，国际社会要从伙伴关系、安全格局、经济发展、文明交流、生态建设等方面作出努力。""坚持对话协商，建设一个持久和平的世界。""坚持共建共享，建设一个普遍安全的世界。""坚持合作共赢，建设一个共同繁荣的世界。""坚持交流互鉴，建设一个开放包容的世界。""坚持绿色低碳，建设一个清洁美丽的世界。"

习近平总书记将"协和万邦"理念点石成金，赋予其中国外交时代内涵，作为中华民族与各国和平共处的历史基因予以广泛传播，收到了巨大成效。

激活历史文化记忆推进"一带一路"建设

中国是世界的一部分，中国的发展永远离不开世界。改革开放以来，中国经济发展在人类发展史上具有非同寻常的重要地位。

改革开放初期，中国的基本状况是百废待兴、百业待举，基本国情是资金少，基础差，底子薄，人口多。

1987年4月26日，邓小平指出："中国科学技术落后，困难比较多，特别是人口太多，现在就有十亿五千万，增加人民的收入很不容易，短期内要摆脱贫困落后状态很不容易。"[①]

为此，中国以"面向现代化，面向世界，面向未来"的雄伟胆略和气魄

---

① 《邓小平文选》第3卷，人民出版社，1994年，第224页。

实行改革开放，以广阔视野向整个世界敞开胸怀，实施"引进来"发展战略，大力引进外国资金、现代化工业设备、现代科学技术和现代管理经验，为我所用，实现了中国经济的跨越式发展。

实践证明"改革开放是决定当代中国前途命运的关键一招"。经过四十多年的发展，中国成为世界第二大经济体，为世界发展特别是为发展中国家提供了"中国道路""中国方案""中国智慧""中国经验"。

中国特色社会主义新时代，中国倡导与世界各国共商"一带一路"、共建"一带一路"、共享"一带一路"发展成果。

汉朝，汉武帝派张骞通西域，开辟以长安为起点，经甘肃、新疆到中亚、西亚，连接地中海各国的陆上通道，进行经济贸易活动。因为这条道路最初的主要功能是运输中国丝绸，1877 年，一位德国地质地理学家把中国与中亚、中国与印度以丝绸贸易为媒介的西域通道命名为"丝绸之路"，此即"陆上丝绸之路"。"海上丝绸之路"则是古代中国与外国交通贸易和文化交往的海上通道，也是最古老的海上航线，由于其以南海为中心，又称为"南海丝绸之路"。"丝绸之路"成为中国古代连接亚洲、非洲和欧洲的商贸路线，东方与西方经济、政治、文化交流的主要通道，形成以和平合作、开放包容、互学互鉴、互利共赢为特征的"丝绸之路"精神。

2013 年秋天，习近平主席访问哈萨克斯坦和印度尼西亚，先后提出共同建设"丝绸之路经济带""21 世纪海上丝绸之路"。习近平主席提出与有关国家共建"一带一路"，主要目的是依靠中国与有关国家双边、多边机制，借助行之有效的区域合作平台，激活"丝绸之路"的历史基因，运用"丝绸之路"的历史符号，高举和平发展旗帜，发展中国与沿线国家和地区的经济合作伙伴关系，共同打造政治互信、经济融合、文化包容的利益共同体、命运共同体和责任共同体。"一带一路"倡议为世界经济发展特别是发展中国家发展带来重大历史性机遇。"一带一路"倡议来自中国，成果惠及世界人民。联合国秘书长古特雷斯表示，期待"一带一路"倡议与联合国2030年可持续发展议程携手，造福世界。"全球化"概念首倡者之一马丁·阿尔布劳表示，"一带一路"显然与全球经济一体化息息相关，通过扩大共同利益密切彼此联系，是中国推进世界经济发展的良好途径。

"一带一路"建设在中国与有关国家的互惠合作中不断拓展，已成为范围最广、规模最大的国际合作平台和最受欢迎的国际公共产品。随着中外合作的不断深入，"一带一路"建设正沿着高质量发展方向不断前进。

"一带一路"作为中国推动构建人类命运共同体的重要平台，彰显着中国的责任担当和世界情怀。2021年，习近平主席在博鳌亚洲论坛年会开幕式上指出，"一带一路"是大家携手前进的阳光大道，不是某一方的私家小路，追求的是发展，崇尚的是共赢，传递的是希望。我们将同各方继续高质量共建"一带一路"，践行共商、共建、共享原则，弘扬开放、绿色、廉洁理念，努力实现高标准、惠民生、可持续目标。我们将建设更紧密的卫生合作伙伴关系，更紧密的互联互通伙伴关系，更紧密的绿色发展伙伴关系，更紧密的开放包容伙伴关系，为人类走向共同繁荣作出积极贡献。

"一带一路"建设得到越来越多国家的积极响应。中国已与145个国家、32个国际组织签署200多份共建"一带一路"合作文件。"一带一路"沿线国家基础设施联通不断深化，国际互联互通水平持续提升，一大批合作项目落地生根。世界银行发布的评估报告指出，到2030年共建"一带一路"有望帮助世界上760万人摆脱极端贫困，帮助3200万人摆脱中度贫困。

从2013年习近平主席在哈萨克斯坦和印度尼西亚先后提出共建"丝绸之路经济带"和"21世纪海上丝绸之路"以来，中国与有关国家一道共建"一带一路"，推动着"一带一路"在探索中前进、在发展中完善、在合作中成长。"一带一路"的"朋友圈"越来越大，积极参与的国家越来越多；"一带一路"

沿线国家之间，互联互通，互通有无，平等互利，和平共处，贸易畅通有目共睹，民生改善实实在在。中国倡导的"一带一路"建设秉持共商、共建、共享原则，不是封闭的，而是开放包容的；不是中国的独奏，而是沿线国家的合唱。"一带一路""朋友圈"越来越大再次表明，共建"一带一路"彰显了同舟共济、权责共担的命运共同体意识，为完善全球治理体系变革提供了新思路和新方案。

"中欧班列"浩浩荡荡奔驰向前

古代"丝绸之路"通过贸易互通，将中国与欧洲和世界连接在一起。21世纪，中国倡议共建"一带一路"，将"丝绸之路"升级为"丝绸之路经济带"。2011年3月，首列中欧班列披红挂彩，驶出中国重庆的火车站台，开往德国杜伊斯堡，拉开了中欧班列不断发展壮大的序幕。2016年6月，习近平主席在出访波兰期间，同波兰总统共同出席统一品牌中欧班列首达欧洲（波兰）仪式。

中国"一带一路"国家级信息服务平台新华丝路网介绍："中欧班列是按照固定车次、线路、班期和全程运行时刻开行，运行于中国与欧洲以及'一带一路'沿线各国的集装箱国际铁路联运班列，分别从中国重庆、成都、郑州、武汉、苏州、义乌等开往德国、波兰、西班牙等国家的主要城市。"

在重庆铁路列车编组站，可以看到连接中国重庆、新疆和欧洲的铁路上运行的"渝新欧班列"的盛况。在重庆铁路枢纽站担任"调度员"的小伙子和姑娘们，因为每次发出"渝新欧班列"都需要协调若干国家的铁路系统，所以十分自豪地宣称"我们已成为国际协调员了"。"渝新欧"国际铁路联运大通道全长1万多公里，从中国重庆、新疆，经过哈萨克斯坦、俄罗斯、白俄罗斯、波兰，直达德国。经过有关国家共同努力，重庆开往欧洲的"渝新欧班列"连续不断，运送货物的时间比中国到德国的海上运输时间节约 20 多天，经济效益非常显著。"渝新欧国际物流大通道"开通以来，营运水平不断提高。

同时，从中国开往欧洲的"中欧班列"数量迅猛增长，时限大幅压缩，物流成本显著降低，服务平台不断完善，货物品类日益丰富，影响力不断增强。

目前，依托新亚欧大陆桥和西伯利亚大陆桥，形成西、中、东三条中欧铁路运输通道，"中欧班列"开行城市不断增加，到达欧洲的国家和城市量持续上升。

英国是义乌在欧洲的第一大贸易伙伴，2016 年 1 月至 10 月，义乌对英国进出口贸易额达 5.69 亿美元。2017 年 1 月 1 日，满载中国商品的"义乌—欧洲班列"从中国浙江义乌始发，由新疆阿拉山口出境，经哈萨克斯坦、俄罗斯、白俄罗斯、波兰、德国、法国、穿过英吉利海峡隧道，18 天到达伦敦。英国最著名的老牌媒体 BBC 高度赞赏"一带一路"，认为"中国用现代科技重新打通了古代亚欧大陆的丝绸之路，非常了不起！"

2021 年，在浙江义乌铁路口岸可以看到，满载着德国啤酒、钢材和日用消费品的"中欧班列"不断驶入站台。

2021 年，"中欧班列"开行数量、质量取得增长，5 月至 8 月连续 4 个月单月开行超过 1300 列，并首次实现"不停车"快速通关。

在"一带一路"沿线快速流动的货物催生出跨境电商"中欧班列 + 海外仓"的全新业态。

如今，中欧班列累计开行超过 4 万列，打通 73 条运行线路，通过东、中、西三大物流通道，通达欧洲23个国家170多个城市，成为稳定全球供应的"钢铁驼队"、中国与欧洲以及世界发展经济贸易的"钢铁纽带"。"中欧班列"将中国与欧洲更加紧密地联结在一起。中华优秀传统文化"丝绸之路"升级版的"一带一路"成为联结中国与欧洲经济发展的重要纽带。

中国草是"幸福草"

"一带一路"沿线国家"中国草"茁壮生长，被民众称为"幸福草"。

当今世界，"一带一路"沿线许多国家都知道，在习近平主席关心和推动下，来自福建的神奇"中国草"已经在100多个国家落地生根，给这些国家创造了数十万个就业机会。中国国家菌草工程技术研究中心首席科学家林占熺说："没有树挺拔，没有花香，但菌草能变出山珍。"在"一带一路"沿线许多国家，来自中国福建的菌草被很多民众称为"中国草""幸福草"。

在第三次"一带一路"建设座谈会上，习近平总书记回忆了"中国草"的往事。习近平总书记在福建工作期间，接待了巴布亚新几内亚东高地省省长拉法纳玛，向他介绍了菌草技术，"这位省长一听很感兴趣。我就派《山海情》里的那个林占熺去了"。

中国菌草技术诞生于20世纪80年代的福建，当时期待尽快脱贫致富的农民们砍树种菇，导致出现了伐木养菌与植树造林之间的突出矛盾。林占熺发明的菌草技术能够以草代木栽培食用菌，兼具经济价值和生态效益，成为福建对口帮扶宁夏的农业技术之一。在习近平主席的推动下，位于太平洋的岛国巴布亚新几内亚成为中国菌草技术走出国门的首站。林占熺接到委派的出国任务后，在巴布亚新几内亚进行了半年的技术重演示范试验。林占熺回忆说，当时巴布亚新几内亚东高地省仍处于刀耕火种的部落经济，当地百姓对寻找摆脱贫困的道路非常渴望。他们很好奇，漫山遍野的野草怎么就能变出解决温饱的食物？当时的技术示范现场会大约来了6000人，很多群众甚至步行三天三夜赶到现场。

2000年，时任福建省省长的习近平与巴布亚新几内亚东高地省省长拉法纳玛在福州签署了菌草等技术援助协议，林占熺再次受命前往巴布亚新几内亚。为了让菌草能够适应巴布亚新几内亚的自然环境，林占熺从当地实际情况出发，对菌草技术进行了本土化改造。为了真正造福巴布亚新几内亚的穷苦百姓，林占熺的团队把这一现代生物技术简化、简化、再简化，直到没受过太多教育的农民也能"一看就懂""一学就会""一做就成"。在当地艰苦的条件下，林占熺专家组坚持了整整8年，帮助菌草技术在巴布亚新几内亚落地生根，开花结果，走向成熟。2018年，来自中国福建的菌草在巴布亚新几内亚创下每公顷年产鲜草853吨的纪录。当地百姓把菌草称作"中国草""幸福草""中国神草"。他们甚至给孩子取名为"菌草"，以感谢中国神奇菌草的援助。巴布亚新几内亚总理詹姆斯·马拉佩表示，菌草促进当地民众收入增加、性别平等和摆脱贫困，"菌草就是我们的脱贫致富草"。

专家认为，中国福建菌草生长快，适应性强，管理简便，有利于保持水土，特别适合发展中国家用于快速减贫增收和可持续发展，是助力发展中国家民众走向富裕的"脱贫致富草"。

习近平总书记多次倡导将菌草技术向广大发展中国家推广。2021年，习近平总书记在"一带一路"建设座谈会上说："我当国家副主席以后，到南太平洋，到非洲，到南美洲继续推广菌草。现在这个技术已经在100多个国家落地生根，给当地创造了数十万个就业机会。"在习近平总书记大力推动下，经过中国专家的拼搏奉献，实现了菌草从一国到百国的落地生根，茁壮生长。

目前，林占熺团队已选育菌草48种，可以生产56种食用和药用菌。而且，菌草不仅可以养菇致富，还可以治理风沙，饲养牛羊，甚至用于发电和造纸。

迄今为止，中国已在国内外举办270期培训项目，培训学员上万人，传播推广菌草技术的语言达18种。

菌草在广大发展中国家成功播撒了希望的种子，改变了许多家庭的贫困面貌，拓展了许多落后地区的产业路径。斐济一位菇农通过菌草种菇获得1000斐济元以上的收入，斐济菌草种植面积达500公顷以上，中国菌草被称作"岛国农业的新希望"。莱索托一位用菌草养牛的农民深有体会地说，菌草长得很快，牛的产奶量很大，而且能够保持水土。卢旺达一位企业家起初从中国专家那里学习菌草技术，后来自己开设菌袋生产车间并雇佣工人。他说，因为菌草，自己能为孩子支付学费并为邻居提供工作岗位。南非夸祖鲁—纳塔尔省，菌草项目遍布农村多个地区。该省省长援引中国古语形容中国的菌草技术援助："授人以鱼，仅供一饭之需；授人以渔，则终身受用无穷。"

现在菌草成为中国帮助发展中国家落实可持续发展目标的重点项目之一。

中国向"一带一路"沿线国家推广菌草技术，彰显中国倡议共建"一带一路"理念，追求的是发展，崇尚的是共赢，传递的是希望。推动高质量共建"一带一路"就是要使更多国家和人民获得发展机遇和经济实惠。

　　"一带一路"贯通古今，联结中外。中国提出"一带一路"建设以来，始终坚持共商、共建、共享，惠及发展中国家，也惠及全世界。习近平总书记指出："中华民族历来是一个爱好和平的民族，爱好和平在儒家思想中也有很深的渊源。中国人自古就推崇'协和万邦'、'亲仁善邻，国之宝也'、'四海之内皆兄弟也'、'远亲不如近邻'、'亲望亲好，邻望邻好'、'国虽大，好战必亡'等和平思想。爱好和平的思想深深嵌入了中华民族的精神世界，今天依然是中国处理国际关系的基本理念。"① 中国的经济发展与社会进步离不开世界，同时中国的发展与进步又推动世界的发展与进步。对此，贯通古今、畅联内外的"一带一路"树立了典范。

---

　　① 习近平：《在纪念孔子诞辰 2565 周年国际学术研讨会暨国际儒学联合会第五届会员大会开幕会上的讲话》，《人民日报》2014 年 9 月 25 日。

五

指引当代青年成长成才

中华民族文明史上，"修身齐家治国平天下""天行健，君子以自强不息；地势坤，君子以厚德载物""知行合一，学以致用"等核心理念，既是中华民族生生不息的本源，也是中国人民勤劳、勇敢、智慧传统美德的源头，成为激励人们奋发有为、经邦济世、自励自省自知的基本精神，并成为中国特色社会主义新时代教育青年成长成才的重要内容。

自我砥砺——"修身齐家治国平天下"

《礼记·大学》中写道：

> 古之欲明明德于天下者，先治其国；欲治其国者，先齐其家；欲齐其家者，先修其身；欲修其身者，先正其心；欲正其心者，先诚其意；欲诚其意者，先致其知，致知在格物。物格而后知至，知至而后意诚，意诚而后心正，心正而后身修，身修而后家齐，家齐而后国治，国治而后天下平。

后人从中提炼出"修身齐家治国平天下"的基本理念。《礼记·大学》

中这段话意思是，古时要想在天下弘扬光明正大品德的人，先要治理好自己的国家；要想治理好自己的国家，先要管理好自己的属地；要想管理好自己的属地，先要修养自身的品格；要想修养自身的品格，先要端正自己的思想；要想端正自己的思想，先要使自己的意念真诚；要想使自己的意念真诚，先要使自己获得知识，获得知识的途径在于认识和研究万事万物。通过对万事万物的认识和研究，才能获得知识；获得知识后，意念才能真诚；意念真诚后，心思才能端正；心思端正后，才能修养品格；品格修养后，才能管理好属地；属地管理好了，才能治理好国家；治理好国家后天下才能太平。"修身齐家治国平天下"既是中华优秀传统文化的结晶，又是中华民族历代志士仁人为实现远大抱负而进行自我修养的准绳。

中国特色社会主义新时代，习近平总书记多次谈到"修身齐家治国平天下"的家国情怀。

2014 年，他在文艺工作座谈会上说：修身、齐家、治国、平天下，我们这代人自小就受这种思想的影响。上山下乡的时候，我 15 岁。我当时想，齐家、治国、平天下还轮不到我们去做，我们现在只能做一件事，就是读书、修身。"一物不知，深以为耻"，我给自己提出了这样一个要求。那个时候，除了劳动之外，一个是融入群众，再一个就是到处找书、看书。我们插队那时候，也是书籍的大交流。我是北京八一学校的，同去的还有清华附中、五十七中等学校的，这些学校的有些学生有点家学渊源。我们都是背着书下乡，相互之间交换着看。那个环境下，就是有这样一个爱读书的小气候。那时，我居然在乡村教师那儿也发现很多好书，像《红与黑》《战争与和平》，还有一些古时候的课本，比如清代课本、明代课本等。毫不夸张地说，当时的文学经典，能找到的我都看了，到现在脱口而出的都是那时读到的东西。①

---

① 《习近平总书记的文学情缘》，《人民日报》2016 年 10 月 14 日。

2013 年 5 月 4 日，习近平总书记会见中国航天科技集团公司中国空间技术研究院的青年同志。为了激励当代青年胸怀大志，提升自己，担当重任，他说："我到农村插队后，给自己定了一个座右铭，先从修身开始。一物不知，深以为耻，便求知若渴。上山放羊，我揣着书，把羊拴到山峁上，就开始看书。锄地到田头，开始休息一会儿时，我就拿出《新华字典》记一个字的多种含义，一点一滴积累。我并不觉得农村 7 年时光被荒废了，很多知识的基础是那时候打下来的。现在条件这么好，大家更要把学习、把自身的本领搞好。"

习近平总书记从北京到梁家河插队时，随身携带着一箱子书籍。他白天劳动，晚上读书，同时刻苦磨炼自己。

他深有体会地说：我们那一代人受俄罗斯经典的影响很深。看了普希金的爱情诗《叶甫盖尼·奥涅金》，后来我还去过敖德萨，看那里留下的一些诗人痕迹。我很喜欢莱蒙托夫的《当代英雄》，说英雄，谁是英雄啊？每一个时代都有每一个时代的英雄。当时，在梁家河的山沟里看这本书，那种感受很强烈。陀思妥耶夫斯基是最有深度的俄国作家，托尔斯泰是最有广度的俄国作家，两相比较，我更喜欢托尔斯泰。托尔斯泰的三部代表作，我更喜欢的是《战争与和平》，当然《复活》给人很多心灵上的反省。我也很喜欢肖洛霍夫，他的《静静的顿河》对大时代的变革和人性的反映，确实非常深刻。车尔尼雪夫斯基是一个民主主义革命者，他的作品给我们不少启迪。他的《怎么办？》我是在梁家河窑洞里读的，当时在心中引起了很大震动。书的主人公拉赫美托夫，过着苦行僧式的生活，为了磨炼意志，甚至睡在钉板床上，扎得浑身是血。那时候，我们觉得锻炼毅力就得这么炼，干脆也把褥子撤了，就睡在光板炕上。一到下雨下雪天，我们就出去摸爬滚打，下雨的时候去淋雨，下雪的时候去搓雪，在井台边洗冷水澡，都是受这本书的影响。①

可以说，中华优秀传统文化蕴含的"修身齐家治国平天下"理念，深刻滋润了青年习近平的心灵，更鼓舞了他志在人民、为了人民、造福人民、"人民至上"的情怀。在社会实践和农村生活中，青年习近平感受到，只有深入基层，深入农村，深入农民，深深扎根农村，植根群众之中，才能锻炼成为国家栋梁。

担任中共梁家河支部书记后，习近平全心全意为人民谋利益，带领乡亲们打井汲水，造坝淤地，建成了西北地区黄土高原第一个沼气池。

习近平参加延安地区"上山下乡积极分子代表大会"期间，获得的奖品是一辆三轮摩托车，为了让全村人能够在村里磨面，就找到延安地区的领导同志，将三轮摩托车置换为"小钢磨"。

习近平把"修身齐家治国平天下"铭刻在脑海里，落实在梁家河的土地上。梁家河原支部书记认为，习近平"能跟老百姓打成一片，群众需要什么，他就干什么"。

习近平从群众最需要最迫切的一桩桩实事做起，为梁家河乡亲们谋利益、谋幸福、谋发展，身体力行，诠释了共产党人的初心和使命。这就是一以贯之的人民立场。

2015年5月4日，习近平总书记在北京大学师生座谈会上进一步系统阐述"修身齐家治国平天下"的历史内涵与现实意义。

习近平总书记指出，中国古代历来讲格物致知、诚意正心、修身齐家、治国平天下。从某种角度看，格物致知、诚意正心、修身是个人层面的要求，齐家是社会层面的要求，治国平天下是国家层面的要求。我们提出的社会主义核心价值观，把涉及国家、社会、公民的价值要求融为一体，既体现了社

---

① 《习近平总书记的文学情缘》，《人民日报》2016年10月14日。

会主义本质要求，继承了中华优秀传统文化，也吸收了世界文明有益成果，体现了时代精神。①

富强、民主、文明、和谐，自由、平等、公正、法治，爱国、敬业、诚信、友善，传承着中国优秀传统文化的基因，广大青年要牢固树立社会主义核心价值观，把我们的国家建设成社会主义现代化强国，让中华民族以更加自信、更加自强的姿态屹立于世界民族之林。

发愤图强——"天行健，君子以自强不息；地势坤，君子以厚德载物"

《易经》（亦称《周易》）写道："天行健，君子以自强不息。""地势坤，君子以厚德载物。"其中的"天行健"即自然界的运动刚强劲健，"君子以自强不息"则说明君子处事应该像自然界运动一样，自信自强，艰苦卓绝，发愤图强，永不停息；"地势坤"寓意着大地的气势厚实和顺，"君子以厚德载物"则阐述君子应当增厚美德，才能容载万物的哲理。

中国哲学家张岱年认为中华精神集中表现于两个命题："天行健，君子以自强不息。""地势坤，君子以厚德载物。"一个是奋斗精神，一个是兼容精神。这两种精神在铸造中华民族的民族精神上起了决定性作用。中华民族五千多年历史，饱经内忧外患，历经种种磨难，依然坚韧不拔，走向繁荣昌盛，依靠的就是自强不息的精神与厚德载物的品德。

清华大学前身清华学堂始建于 1911 年，1912 年更名清华学校。1914 年11 月 5 日，著名学者梁启超应清华学校校长周诒春邀请，给清华学生作《论君子》的演讲，希望清华学生都能继承中华传统美德，并引用了《易经》中的"自强不息""厚德载物"等激励清华学生。

---

① 习近平：《青年要自觉践行社会主义核心价值观——在北京大学师生座谈会上的讲话》，2015 年 5 月 4 日。

梁启超说:《周易》六十四卦,言君子者凡五十三。乾坤二卦所云尤为提要钩元。《乾·象》曰:"天行健,君子以自强不息。"《坤·象》曰:"地势坤,君子以厚德载物。"推本乎此,君子之条件庶几近之矣。梁启超认为,《乾·象》言,君子自励犹天之运行不息,不得有一暴十寒之弊。才智如董子,犹云"勉强学问";《中庸》亦曰"或勉强而行之"。人非上圣,其求学之道,非勉强不得入于自然。且学者立志,尤须坚忍强毅,虽遇颠沛流离,不屈不挠,若或见利而进,知难而退,非大有为者之事,何足取焉?人之生世,犹舟之航于海。顺风逆风,因时而异,如必风顺而后扬帆,登岸无日矣。

梁启超强调,且夫自胜则为强,乍见孺子入水,急欲援手,情之真也。继而思之,往援则己危,趋而避之,私欲之念起,不克自胜故也。孔子曰:"克己复礼为仁。"王阳明曰:"治山中贼易,治心中贼难。"古来忠臣孝子愤时忧国奋不欲生,然或念及妻儿,辄有难于一死不能自克者。若能摈私欲尚果毅,自强不息,则自励之功与天同德,犹英之劲德尔门,见义勇为,不避艰险,非吾辈所谓君子其人哉?

梁启超认为,《坤·象》言君子接物,度量宽厚,犹大地之博,无所不载。君子责己甚厚,责人甚轻。孔子曰:"躬自厚而薄责于人。"盖惟有容人之量,处世接物坦焉无所芥蒂,然后得以膺重任,非如小有才者,轻佻狂薄,毫无度量,不然小不忍必乱大谋,君子不为也。当其名高任重,气度雍容,望之俨然,即之温然,此其所以为厚也,此其所以为君子也。

梁启超认为,纵观四万万同胞,得安居乐业,教养其子若弟者几何人?读书子弟能得良师益友之熏陶者几何人?清华学子,荟中西之鸿儒,集四方之俊秀,为师为友,相蹉相磨,他年遨游海外,吸收新文明,改良我社会,促进我政治,所谓君子人者,非清华学子,行将焉属? ①

---

① 《清华周刊》1914 年第 20 期。

梁启超在演讲中，着力阐发《周易·大象传》"天行健，君子以自强不息；地势坤，君子以厚德载物"精神，影响很大。当年 11 月 10 日《清华周刊》全文刊登了梁启超的演讲词。随后，"自强不息，厚德载物"被写进清华校规，并逐渐成为清华校训。

习近平总书记毕业于清华大学，对"天行健，君子以自强不息；地势坤，君子以厚德载物"印象尤为深刻。

2018 年 3 月 10 日，习近平总书记参加第十三届全国人大一次会议重庆代表团审议时指出，推动营造科技创新的生态"小气候"，增加我们的吸引力。实现中华民族伟大复兴，有如我们先人所讲，要苟日新、日日新，要天行健、自强不息。

2018 年 12 月 18 日，习近平总书记在庆祝改革开放 40 周年大会上指出，自古以来，中华民族就以"天下大同"、"协和万邦"的宽广胸怀，自信而又大度地开展同域外民族交往和文化交流，曾经谱写了万里驼铃万里波的浩浩丝路长歌，也曾经创造了万国衣冠会长安的盛唐气象。正是这种"天行健，君子以自强不息""地势坤，君子以厚德载物"的变革和开放精神，使中华文明成为人类历史上唯一一个绵延五千多年至今未曾中断的灿烂文明。以数千年大历史观之，变革和开放总体上是中国的历史常态。中华民族以改革开放的姿态继续走向未来，有着深远的历史渊源、深厚的文化根基。①

勇于担当——"知行合一、学以致用"

2014 年 12 月 20 日下午，习近平总书记来到澳门大学横琴校区郑裕彤书院的教室，与澳门大学数十位师生齐聚一堂，一起讨论"中华传统文化与

---

① 习近平：《在庆祝改革开放 40 周年大会上的讲话》，《求是》2018 年第 24 期。

当代青年"的主题。习近平总书记首先认真倾听师生们座谈学习中华传统文化的体会,接着与师生们一起畅谈,并以自己亲身经历为大家上了一堂生动、精彩、深邃的中华传统文化课。

关于求知、求学的热情方面,习近平总书记向师生们讲了自己的经历:"中华文化博大精深,我本人也是一个中华文化的热烈拥护者、忠实学习者。"

师生们聚精会神,习近平总书记侃侃而谈:小学时候看了《水浒传》《三国演义》。文化荒芜的年代,拼命去涉猎一切中华文化知识。后来做了7年农民,也一直在学习、在积累。至今,只要有闲暇就推开中华文化宝库的大门,仍是"一书在手,其乐无穷"。

习近平总书记与师生们交流中提到了自己阅读过的中华文化代表性书籍,包括《聊斋志异》、鲁迅的杂文、中华文化经典著作《二十四史》和《资治通鉴》等。习近平总书记对大家说:"读这些书,开卷有益。这个过程中,我们要学习扬弃,取其精华、去其糟粕,获得正能量。"中华文化包含着数千年来代代相传的中华传统美德。习近平总书记说:"这些都是中华文化的重要组成部分,关键是我们怎么样去把握它,赋予新的时代内涵和精神,去很好地理解和运用。我们叫格物、致知、诚意、正心、修身、齐家、治国、平天下。"

在交流过程中,习近平总书记听到学生们讨论其中的"信"字时说:"人无信不立,一个人是这样,一个组织是这样,一个民族、一个国家也是这样。守信用的民族和国家一定会富强,一定会赢得国际上的尊重。"

关于文化自信问题,习近平总书记向师生们讲起学习的目的。他强调要"知行合一、学以致用"。"一定要通过学习树立对五千多年文明的自豪感,树立文化的自信、民族的自豪感。""五千多年文明史,源远流长。而且我们是没有断流的文化。建立制度自信、理论自信、道路自信,还有文化自信。文化自信是基础。"

习近平总书记讲起外事会见时说，一些外国政要都在谈论中华文化。很多外国政要并不是一上来就谈现实问题，而是询问能不能谈谈对中国文化的理解。他们说，中国现在很多事情做得那么好，一定有内在的原因。习近平总书记深有体会地说："中华文化渗透到中国人的骨髓里，是文化的 DNA。"

关于弘扬爱国主义精神，习近平总书记说，中华文化中很核心很重要的一条是爱国。人、家、国、天下，一层层递进。习近平总书记从中华民族历史讲起。"爱国主义在中国根深蒂固，爱国情结也是深入骨髓。"还引用了两首歌的歌词来阐述"爱国"：一首是中华人民共和国国歌，"把我们的血肉筑成我们新的长城"；一首是"七子之歌"，"但是他们掳去的是我的肉体，你依然保管我内心的灵魂"。"永远能听出新意，备受感动。"

习近平总书记面向朝气蓬勃、渴望求知的大学生们勉励说："你们作为澳门的青年一代，弘扬爱国主义精神是毕生之责。""我们正从事着一项很伟大的事业，'一国两制'。这是前无古人的事业。（澳门）回归祖国 15 年，发生了沧桑巨变，这么伟大的成就，证明了'一国两制'的成功，证明了制度的优势。""'一国两制'事业是前无古人的，还在继续深化发展。这个任务将历史性地落到澳门青年人肩上。""希望你们发扬担当精神，去创造新的历史！"

习近平总书记向澳门大学赠送了《永乐大典》重印本和《北京大学图书馆藏稀见方志丛刊》，并现场在赠书函上签名。

习近平总书记向澳门大学赠送的《永乐大典》是明代永乐年间，由明成祖朱棣先后命解缙、姚广孝等主持编纂的一部集中国古代典籍于大成的类书。初名《文献大成》，后明成祖亲自撰写序言并赐名《永乐大典》。全书 22877 卷（目录 60 卷，共计 22937 卷），11095 册，约 3.7 亿字，汇集古代图书七八千种。

永乐元年（公元 1403 年），朱棣决心修一部巨著彰显国威，造福万代。宗旨是"凡书契以来经史子集百家之书，至于天文、地志、阴阳、医卜、僧道、技艺之言，备辑为一书"。

最初令解缙主持，带着 147 人编纂此书，一年后修成《文献大成》。但是朱棣亲阅后甚为不满，钦点姚广孝担任监修，并将编纂队伍扩大到 2196人，实际上累计达 3000 多人，于永乐五年（公元 1407 年）定稿，朱棣亲自作序并赐名《永乐大典》。全书于永乐六年（公元 1408 年）抄写完毕。

《永乐大典》内容包括经、史、子、集，涉及天文、地理、阴阳、医术、占卜、释藏道经、戏剧、工艺、农艺，涵盖中华民族数千年的知识财富。英国《不列颠百科全书》在"百科全书"条目中称中国明代类书《永乐大典》为"世界有史以来最大的百科全书"。实际上，《永乐大典》已成为中华传统文化的一个重要符号。

《北京大学图书馆藏稀见方志丛刊》是国家图书馆出版社出版的"著名图书馆藏稀见方志丛刊"图书系列的第十五种，涵盖北京大学图书馆藏稀见方志 274 种，其中孤本、稿本 92 种。包含自宋代至民国的省、府、州、厅、县志的刻本、稿本和抄本，包括价值较高的乡土志，弥足珍贵。所收方志中，绝大多数书品较好。编册排序大致依《中国地方志联合目录》，成书共计 330册。"著名图书馆藏稀见方志丛刊"是"十一五"国家古籍整理重点图书出版规划项目，得到相关部门大力支持。

习近平总书记将《永乐大典》和《北京大学图书馆藏稀见方志丛刊》赠送澳门大学，就是期望澳门大学师生们能够认真学习、研究中华传统文化，奠定深厚的中华传统文化底蕴，牢固树立中华民族共同体意识，"知行合一、学以致用"，为实现中华民族伟大复兴贡献力量。

六

升华凝结中华文化和中国精神的时代精华

中国共产党源自中华民族，植根中华大地，服务中国人民，是中华文明和中华文化的继承者、发展者和创新者。中国共产党百年奋斗和马克思主义中国化三次历史性飞跃，蕴含着对中华优秀传统文化进行创造性转化和创新性发展的重要内容。毛泽东运用马克思主义辩证法将中华传统文化区分为"民主性的精华"和"封建性的糟粕"两个部分，倡导"排泄其糟粕，吸收其精华"。邓小平从中华优秀传统文化的"小康"思想得到启迪，在社会主义发展史上独创性地提出建设小康社会。江泽民从中华优秀传统文化汲取以德治国的历史基因，推动中华民族跨世纪发展。胡锦涛认为，"中华文明历来注重以民为本，尊重人的尊严和价值"，从中汲取政治智慧，强调以人为本、科学发展，提出科学发展观。习近平总书记全面系统全新阐发中华优秀传统文化，坚持把马克思主义基本原理同中国具体实际相结合、同中华优秀传统文化相结合，升华凝结中华文化和中国精神的时代精华，实现了马克思主义中国化新的飞跃。

推进 21 世纪马克思主义扎根中华文化

中国特色社会主义新时代，习近平总书记将中华优秀传统文化地位提升到新高度。

2021 年 3 月，习近平总书记在福建考察时强调，我们走中国特色社会主义道路，一定要推进马克思主义中国化。如果没有中华五千年文明，哪里有什么中国特色？如果不是中国特色，哪有我们今天这么成功的中国特色社会主义道路？我们要特别重视挖掘中华五千年文明中的精华，把弘扬优秀传统文化同马克思主义立场观点方法结合起来，坚定不移走中国特色社会主义道路。①

习近平总书记的这一全新阐发，深刻揭示中国共产党实现马克思主义中国化本土化的内在逻辑，指出了中国共产党将诞生在欧洲西部的马克思主义与亚洲东方的中国实际相结合，是马克思主义在中华大地落地生根、开花结果的真谛所在。

中华民族之所以有五千多年长盛不衰的强大凝聚力、向心力、感召力、影响力和坚韧发展的内在动力，根本原因就在于中华优秀传统文化这一"根脉"。有中华民族这一"根脉"相连，才能够凝聚人心，汇聚成抵御一切外侮、战胜自然灾害的强大力量。

中国共产党将马克思主义基本原理与中国实际相结合，激发中华优秀传统文化的活力，赢得了革命、建设和改革的伟大胜利，实现了马克思主义中国化三次历史性飞跃。当代中国马克思主义的重要特征，就是具有中国风格和中国气派，立足中国历史沃土，汲取中华文化智慧，具有中华文明基因，达到了马克思主义中国化的新境界。

---

① 《习近平考察朱熹园谈文化自信：没有中华五千年文明，哪有我们今天的成功道路》，http://www.gov.cn/xinwen/2021-03/23/content_5595049.htm.

作出马克思主义中国化的新论断

在中国共产党成立 100 周年之际，习近平总书记指出：中国共产党的历史经验包括"坚持把马克思主义基本原理同中国具体实际相结合、同中华优秀传统文化相结合"①。"两个结合"旨在使马克思主义能够更好地指导革命、建设、改革事业。

毛泽东没有单纯着眼于从理论上构建思想体系，而是着力于用马克思主义基本原理解决中国革命实际问题。毛泽东在著作中大量运用中华优秀传统文化的成语、典故、故事、寓言、诗词、神话、小说、传说、人物、战例等阐发马克思主义的立场观点方法，深入浅出，通俗易懂，为解决中国革命基本问题提供了指南。

邓小平理论形象地说明马克思主义关于生产关系必须适应生产力发展的规律，用"小康"来阐发中国社会主义初级阶段经济发展的基本目标。

"三个代表"重要思想汲取古代"为政以德"理念，提出"把依法治国与以德治国紧密结合起来"的治国方略。科学发展观汲取古代"民为邦本，本固邦宁"民本思想来阐发"以人为本"，推动科学发展和社会进步。

中国共产党成立 100 周年之际，习近平总书记指出：中国共产党的百年经验就是"坚持把马克思主义基本原理同中国具体实际相结合、同中华优秀传统文化相结合"。这个论断进一步拓展了当代中国马克思主义的丰富内涵。

马克思主义中国化的"两个结合"也彰显理论武器的团结功能。中华民族为什么能够历久弥新，长盛不衰？遭到危难时为什么能够"山川异域，风

---

① 习近平：《在庆祝中国共产党成立 100 周年大会上的讲话》，《人民日报》2021 年 7 月 2 日。

月同天"？各民族为什么能够像"石榴籽"一样紧密团结在一起？中国化马克思主义为什么能够植根中华大地，成为引领中华民族前进的指导思想？习近平总书记对这些问题作出了回答：中华优秀传统文化是"中华民族的基因"，是"民族文化血脉"，是"中华民族的精神命脉"，是"中华民族共有精神家园"。

丰富马克思主义中国化的新内涵

"坚持理论创新"是中国共产党百年奋斗的重要经验之一。马克思主义是立党立国、兴党强国的根本指导思想。马克思主义理论不是教条而是行动指南，必须随着实践发展而发展，必须实现中国化才能落地生根，实现本土化才能深入人心。中国共产党之所以能够领导人民历经曲折走向辉煌，完成中国其他各种政治力量不可能完成的艰巨任务，"根本在于坚持解放思想、实事求是、与时俱进、求真务实，坚持把马克思主义基本原理同中国具体实际相结合、同中华优秀传统文化相结合，坚持实践是检验真理的唯一标准，坚持一切从实际出发，及时回答时代之问、人民之问，不断推进马克思主义中国化时代化"①。

中国共产党成立后立刻开始马克思主义中国化的建构，根据马克思主义基本原理研究中国国情、中国历史与中国革命特点。为此，毛泽东写了《中国社会各阶级的分析》《湖南农民运动考察报告》《中国的红色政权为什么能够存在？》《井冈山的斗争》《星星之火，可以燎原》《反对本本主义》《中国革命战争的战略问题》《中国革命和中国共产党》等著作，提出"中国革命斗争的胜利要靠中国同志了解中国情况"，奠定马克思主义中国化的理论基

---

① 《中共中央关于党的百年奋斗重大成就和历史经验的决议》，《人民日报》2021年11月17日。

础，开创农村包围城市、武装夺取政权的中国革命道路。

邓小平引领中国改革开放，首先发表《解放思想，实事求是，团结一致向前看》的"改革开放宣言书"，继而强调把马克思主义基本原理与中国的实际情况结合起来，"走自己的路，建设有中国特色的社会主义"，开辟中国特色社会主义道路。江泽民提出"三个代表"重要思想，并在国内外形势十分复杂、世界社会主义出现严重曲折的严峻考验面前捍卫了中国特色社会主义，成功把中国特色社会主义推向21世纪。胡锦涛提出科学发展观，抓住重要战略机遇期，聚精会神搞建设，一心一意谋发展，成功在新形势下坚持和发展了中国特色社会主义。

习近平总书记根据马克思主义基本原理，凝聚五千多年中华文明底蕴，创造性运用中华优秀传统文化治国理政，在中国全面建成小康社会。他根据21世纪中国与世界的发展变化，激活中华优秀传统文化的历史基因，倡议"一带一路"，推动构建人类命运共同体，向世界提供中国智慧，创立习近平新时代中国特色社会主义思想。党的十八大以来，"实施中华优秀传统文化传承发展工程，推动中华优秀传统文化创造性转化、创新性发展"①，丰富、发展、拓宽马克思主义中国化本土化的深厚内涵。坚持把马克思主义基本原理同中国具体实际相结合、同中华优秀传统文化相结合，进一步彰显马克思主义中国化的深度和广度，进一步体现马克思主义中国化的历史渊源，进一步提升中华优秀传统文化的持久魅力和广泛影响力，进一步增强对全世界中国人和华侨华裔的凝聚力和号召力，对实现中华民族伟大复兴、构建人类命运共同体均具有重要意义。

---

① 《中共中央关于党的百年奋斗重大成就和历史经验的决议》，《人民日报》2021年11月17日。

为应对人类社会各种挑战提供中国智慧

当前，世界百年未有之大变局加速演进，各种风险挑战叠加。美国两大政党争斗不已，两党内部亦各自呈现着自身无法解决的难题。日本和欧洲、北美、大洋洲也出现了纷争不已、错综复杂的各种矛盾。一些发展中国家政治局势动荡不已，经济发展出现瓶颈，各种社会思潮铺天盖地。日益严重的环境保护问题、气候变化问题、资源短缺问题、网络犯罪问题、恐怖主义问题等，对国际秩序和人类生存构成严峻挑战。对于破解这些难题，中华优秀传统文化可以提供相应的答案。

习近平总书记指出，中华优秀传统文化在 21 世纪仍然具有深刻的现实意义："世界上一些有识之士认为，包括儒家思想在内的中国优秀传统文化中蕴藏着解决当代人类面临的难题的重要启示，比如，关于道法自然、天人合一的思想，关于天下为公、大同世界的思想，关于自强不息、厚德载物的思想，关于以民为本、安民富民乐民的思想，关于为政以德、政者正也的思想，关于苟日新日日新又日新、革故鼎新、与时俱进的思想，关于脚踏实地、实事求是的思想，关于经世致用、知行合一、躬行实践的思想，关于集思广益、博施众利、群策群力的思想，关于仁者爱人、以德立人的思想，关于以诚待人、讲信修睦的思想，关于清廉从政、勤勉奉公的思想，关于俭约自守、力戒奢华的思想，关于中和、泰和、求同存异、和而不同、和谐相处的思想，关于安不忘危、存不忘亡、治不忘乱、居安思危的思想，等等。"①

中华优秀传统文化的丰富哲学思想、人文精神、教化思想、道德理念等，可以为人们认识和改造世界提供有益启迪，可以为治国理政提供有益启示，

---

① 习近平：《在纪念孔子诞辰 2565 周年国际学术研讨会暨国际儒学联合会第五届会员大会开幕会上的讲话》，《人民日报》2014 年 9 月 25 日。

也可以为道德建设提供有益启发。

为彰显中国形象提供强大软实力

《中共中央关于党的百年奋斗重大成就和历史经验的决议》指出："中华优秀传统文化是中华民族的突出优势，是我们在世界文化激荡中站稳脚跟的根基，必须结合新的时代条件传承和弘扬好。"[①] 当代中国日益走近世界舞台的中央，中华优秀传统文化是中国走向世界的最可靠、最根本、最能令人信服的软实力。我们要立足中华文明，胸怀"国之大事"，眼观五洲风云，不断提升中华文化影响力。要把握天下大势、区分不同对象、精准选择题材，讲好中国故事。特别要主动宣介习近平新时代中国特色社会主义思想，主动讲好中国共产党治国理政的故事、中国人民奋斗圆梦的故事、中国坚持和平发展合作共赢的故事，让世界更好了解中国。

中华优秀传统文化是中华民族的文化根脉，其蕴含的思想观念、人文精神、道德规范，不仅是我们中国人思想和精神的内核，对解决人类问题也有重要价值。要把优秀传统文化的精神标识提炼出来、展示出来，也要把中华优秀传统文化中具有当代价值、世界意义的文化精髓提炼出来、展示出来，让中华优秀传统文化惠及中国又造福人类。

中国共产党百年奋斗和马克思主义中国化三次历史性飞跃，蕴含着对中华优秀传统文化进行创造性转化和创新性发展的重要内容。"坚持把马克思主义基本原理同中国具体实际相结合、同中华优秀传统文化相结合"就是百年大党艰苦奋斗的基本经验和深刻总结。新时代新征程上，我们要深化理解并深入推进"两个结合"，不断开辟马克思主义中国化时代化新境界。

[①]《中共中央关于党的百年奋斗重大成就和历史经验的决议》，《人民日报》2021年11月17日。

七

中国特色社会主义在坚持"两个结合"中乘风破浪，胜利远航

　　"坚持把马克思主义基本原理同中国具体实际相结合、同中华优秀传统文化相结合"既是中国革命、建设和改革开放百年经验的深刻总结，又是实现中华民族伟大复兴的重要指导思想，是中华民族生生不息、生机勃勃、蓬勃发展的最深厚的力量源泉，是中华民族立足世界民族之林、日益走近世界舞台中心的最强大的软实力。

马克思主义是我们立党立国、兴党兴国的根本指导思想

　　中国百年历史告诉我们，中国共产党为什么能，中国特色社会主义为什么好，归根到底是马克思主义行，是中国化时代化的马克思主义行。拥有马克思主义科学理论指导是我们党坚定信仰信念、把握历史主动的根本所在。"只有把马克思主义基本原理同中国具体实际相结合、同中华优秀传统文化相结合，坚持运用辩证唯物主义和历史唯物主义，才能正确回答时代和实践提出的重大问题，才能始终保持马克思主义的蓬勃生机和旺盛活力。"① 中国

---

　　① 习近平：《高举中国特色社会主义伟大旗帜 为全面建设社会主义现代化国家而团结奋斗——在中国共产党第二十次全国代表大会上的报告》，《人民日报》2022 年 10 月 26 日。

特色社会主义新时代，在推进马克思主义中国化时代化过程中，在追求真理、揭示真理、笃行真理的奋进中，21世纪20年代面临的国内外形势新变化新要求和新的实践，迫切需要从理论和实践的结合上深入回答关系国家事业发展、治国理政的一系列重大时代课题。中国共产党勇于进行理论探索和实践创新，以全新的视野深化对共产党执政规律、社会主义建设规律、人类社会发展规律的认识，取得重大理论创新成果，集中体现为新时代中国特色社会主义思想。党的二十大报告鲜明指出："把马克思主义思想精髓同中华优秀传统文化精华贯通起来、同人民群众日用而不觉的共同价值观念融通起来，不断赋予科学理论鲜明的中国特色，不断夯实马克思主义中国化时代化的历史基础和群众基础，让马克思主义在中国牢牢扎根。"①

坚持和发展马克思主义，必须同中国具体实际相结合

中国有世界上唯一的光辉灿烂、绵延不绝的5000多年文明史，有独一无二的中华优秀传统文化的深厚积淀，有西起帕米尔高原、东到太平洋、北起黑龙江和乌苏里江、南达南海的辽阔土地，有14亿多的人口，有紧密团结在一起的56个民族，有丰富的自然资源和地下矿产，有各种粮食作物、自然作物和天然资源。中国革命、建设和改革开放已经取得了巨大的历史性成就。在实现中华民族伟大复兴的道路上，要坚持以马克思主义为指导，运用其科学的世界观和方法论解决中国的问题，而不是要背诵和重复其具体结论和词句，更不能把马克思主义当成一成不变的教条。必须坚持解放思想、实事求是、与时俱进、求真务实，一切从实际出发，着眼解决新时代改革开放和社会主义现代化建设的实际问题，不断回答中国之问、世界之问、人民

---

① 习近平：《高举中国特色社会主义伟大旗帜 为全面建设社会主义现代化国家而团结奋斗——在中国共产党第二十次全国代表大会上的报告》，《人民日报》2022年10月26日。

之问、时代之问，作出符合中国实际和时代要求的正确回答，得出符合客观规律的科学认识，形成与时俱进的理论成果，更好指导中国实践。

坚持和发展马克思主义，必须同中华优秀传统文化相结合

"只有植根本国、本民族历史文化沃土，马克思主义真理之树才能根深叶茂。中华优秀传统文化源远流长、博大精深，是中华文明的智慧结晶，其中蕴含的天下为公、民为邦本、为政以德、革故鼎新、任人唯贤、天人合一、自强不息、厚德载物、讲信修睦、亲仁善邻等，是中国人民在长期生产生活中积累的宇宙观、天下观、社会观、道德观的重要体现，同科学社会主义价值观主张具有高度契合性。"[①] 我们必须坚定历史自信、文化自信，坚持古为今用、推陈出新，把马克思主义思想精髓同中华优秀传统文化精华贯通起来、同人民群众日用而不觉的共同价值观念融通起来，不断赋予科学理论鲜明的中国特色，不断夯实马克思主义中国化时代化的历史基础和群众基础，让马克思主义在中国牢牢扎根。实践没有止境，理论创新也没有止境。不断谱写马克思主义中国化时代化新篇章，是当代中国共产党人的庄严历史责任。继续推进实践基础上的理论创新，首先要把握好新时代中国特色社会主义思想的世界观和方法论，坚持好、运用好贯穿其中的立场观点方法。

习近平总书记指出："深入挖掘中华优秀传统文化蕴含的思想观念、人文精神、道德规范，结合时代要求继承创新，让中华文化展现出永久魅力和时代风采。"[②] 这一论断，为中国特色社会主义发展进程中，广泛弘扬中华优秀传统文化，"推动中华优秀传统文化创造性转化、创新性发展"，指明了方向。

---

① 习近平：《高举中国特色社会主义伟大旗帜 为全面建设社会主义现代化国家而团结奋斗——在中国共产党第二十次全国代表大会上的报告》，《人民日报》2022 年 10 月 26 日。
② 习近平：《决胜全面建成小康社会 夺取新时代中国特色社会主义伟大胜利——在中国共产党第十九次全国代表大会上的报告》，《人民日报》2017 年 10 月 28 日。